W0398747

Mit Resilienz zur Powerfrau

Autorin: © Ramona Neupert

Für Fragen und Anregungen
info@avocado-verlag.de

Bibliografische Information der Deutschen Nationalbibliothek:

Die Deutsche Nationalbibliothek verzeichnet diese Publikation in der Deutschen Nationalbibliografie; detaillierte bibliografische Daten sind im Internet über http://dnb.dnb.de abrufbar.

1. Auflage 2022

Klimaneutral
Druckprodukt
ClimatePartner.com/18373-2201-1001

www.avocado-verlag.de

ISBN 978-3-98813-002-0

Bildnachweis: Coverbild: © Irkham/stock.adobe.com,
© babeer/stock.adobe.com; alle weiteren: © Ramona Neupert
Covergestaltung, Layout und Satz: Bernadett Linseisen (schere.style.papier),
München

Ramona Neupert

Mit Resilienz zur Powerfrau

Inkl. **Onlinekurs** zum Buch

Wie du Stress, Ängste und schwierige Lebenssituationen mit **kraftvollen Gewohnheiten** meisterst

avocado verlag

R uhe

E nergie

B egeisterung

A usdauer

L eben

A chtsamkeit

N ächstenliebe

C harisma

E ntschlossenheit

Y in & yang

O ptimismus

U nerschütterlichkeit

Wenn du in einem Wort beschreiben solltest, welches Gefühl du dir am meisten wünschst, ist es

Gelassenheit oder *Lebensfreude?*

Auf jeden Fall ist es diese Unbeschwertheit, die du schon einmal gekannt hast und mit der du deine innere Stärke verbindest.

Und gerade in unruhigen Zeiten, in denen es nur noch negative Nachrichten zu geben scheint, wünschst du dir einen Alltag, der dir mehr Kraft gibt, als dass er dir nimmt. Du wünschst dir mehr Leichtigkeit!

Dieses Buch unterstützt dich darin, mit kraftvollen Gewohnheiten, deine Resilienz, deine seelische Widerstandskraft, so zu stärken, dass du Stress, Ängste und schwierige Lebenssituationen nachhaltig meisterst.

Du erhältst zu diesem Buch einen kostenfreien Zugang zum Online-Begleit-Kurs. Darin findest du Bonusmaterial und Videos, die dich auf deinem Weg zur Powerfrau begleiten!

Denn Resilienz ist nur ein Wort. Das Geheimnis besteht darin, sie zu stärken und zu leben!

Es ist an der Zeit, uns daran zu erinnern,

unser Leben genießen zu dürfen.

Indem wir uns erlauben,

unseren Alltag mit

Lebensfreude, Leichtigkeit und Gelassenheit

zu leben, stärken wir schon fast automatisch

unsere Resilienz!

Eigentlich doch ganz einfach!

DU kannst das auch!

Inhaltsverzeichnis

Warum bist du dir nicht wichtig genug?

Und plötzlich ist er wieder da, dieser Moment, in dem du dich fragst, ob du dir das Leben – dein Leben – wirklich so vorgestellt hast.

Du spürst dieses drückende Gefühl, welches du am liebsten anschreien würdest: „Geh weg!“ – „Lass mich in Ruhe!“ Aber es geht nicht weg. Es bleibt.

Dir ist klar, dass du selbst es bist, die diesen Druck erzeugt. Allein mit deinen Gedanken und mit deiner Erwartungshaltung an dich, alles schaffen zu wollen.

Du fühlst dich hilflos. Weißt nicht, wie du es schaffst, wieder klarer zu denken.

Du kommst dir vor, wie in einem Film, in dem du die Hauptrolle spielst. Du wünschst dir, jemand wäre da und würde auf Pause drücken. Würde den Film wenigstens für einen Moment anhalten, damit du die Möglichkeit bekommst, durchzuatmen.

Du möchtest nicht mehr nur rennen. Du möchtest auch einmal darüber nachdenken können, wohin du eigentlich rennst.

Vieles in deinem Leben läuft automatisch ab und während du dich fragst „Tut mir das alles wirklich noch gut?“, kennst du auch schon die Antwort, mit Tränen in den Augen. Und schon ist es wieder da, dieses drückende Gefühl und die Frage: „Wie kann ich etwas verändern?"

Die Wahrheit ist, dass du ganz genau weißt, was dir guttut und womit du eigentlich deine Zeit verbringen möchtest. Leider fällt es dir schwer, genau die Dinge, die dir guttun würden, in deinen Alltag zu integrieren. Obwohl du es dir wünschst, weißt du nicht, wie du es schaffst, den Automatismus deiner Gewohnheiten für dich nutzen zu können.

Liebe Leserin, mein Name ist Ramona Neupert und ich darf dich heute daran erinnern, dass es allen anderen in deinem Umfeld nur dann gut gehen kann, wenn es erst einmal dir selbst gut geht!

Gerade in unruhigen Zeiten, in denen es nur noch negative Nachrichten zu geben scheint, die unser Leben direkt beeinflussen, ist es so wichtig, bei uns selbst zu bleiben, resilient zu sein.

Denn: Dein Leben ist kein Marathon. Es geht nicht darum, so schnell wie möglich ans Ziel zu kommen.

Sondern vielmehr darum, dich und deine Bedürfnisse wahrzunehmen. Dir Kraft zu schenken. Dich selbst zur Priorität zu machen.

Dieses Buch soll dich genau darin unterstützen, deine Lebensfreude wieder zu entfachen. Dir Energie geben, um deinen Alltag so zu gestalten, dass er dir mehr Kraft gibt, als dass er dir nimmt. Um dann, im Idealfall schon beinahe wie von selbst, deine Resilienz zu stärken.

Es ist an der Zeit, dir den Alltag zu kreieren, der dir genau das erlaubt!

Als Ergänzung zu diesem Buch habe ich einen Online-Kurs für dich vorbereitet. Dieser Kurs beinhaltet Videos, die du dir, in deinem Tempo und wann es sich für dich richtig anfühlt, als Vertiefung ansehen kannst.

Zudem findest du weiteres Material, in Form von Audios oder Downloads, welches dich bestmöglich dabei unterstützt, in die Umsetzung zu kommen und deine Resilienz zu stärken.

Den Zugang zum Online-Kurs erhältst du unter dem folgenden Link:
https://www.rebalanceyou.de/videokurszumbuch

Oder über diesen QR-Code:

Nach Angabe deiner E-Mail-Adresse steht dir dieser kostenfrei zur Verfügung. Ich wünsche dir viel Freude!

Was ist RESILIENZ eigentlich?

Hast du dich schon einmal gefragt, warum manche Menschen Krisen schneller bewältigen als andere? Warum diese Menschen auch in schwierigen Situationen glücklicher und gechillter sind?

Diese Menschen haben die Fähigkeit, sich von Stresssituationen sehr schnell wieder zu regenerieren. Sie erhalten in diesen Lebensphasen ihre Resilienz aufrecht.

Resilienz beschreibt die seelische und physische Widerstandskraft. Die innere Stärke, die es dir erlaubt, gestärkt aus Krisen hervorzugehen.

Es geht dabei NICHT darum, vermeintlich negative Situationen und Gefühle zu vermeiden. Es geht vielmehr darum, diese zu akzeptieren und anzuerkennen, sich darin aber nicht zu verlieren.

Wenn du es also schaffst, in deinem Alltag mehr Leichtigkeit, Gelassenheit, Lebensfreude, Glück, Begeisterung, Entschlossenheit, Zuversicht und Energie zu spüren, reduzierst du gleichzeitig negative Emotionen wie Frust, Gereiztheit, Lustlosigkeit, Feindseligkeit, Neid, Gleichgültigkeit und stärkst somit deine Resilienz-Fähigkeit.

Die positive Botschaft lautet: Resilienz ist ein aktiver und dynamischer Prozess und somit veränderbar.

Wenn dir dein Alltag aktuell mehr Kraft nimmt, als dass er dir gibt, lade ich dich dazu ein, dir die Zeit zu schenken, einmal näher hinzusehen. Du weißt sicher ganz genau, womit du deinen Akku aufladen kannst und was dir Energie gibt. Sei es ein Spaziergang an der frischen Luft, eine Sporteinheit, eine gesündere Ernährung, eine Meditation oder die bewusste Zeit mit Familie und Freunden.

Aber, Hand aufs Herz: Wie oft kommt dein Alltag dazwischen und du findest nicht die Zeit dafür? Wie oft ist der Tag, die Woche, der Monat oder im schlimmsten Fall sogar das gesamte Jahr vergangen und du konntest bestimmte Dinge, die dir eigentlich wichtig waren, nicht umsetzen?

Wie oft war diese kleine Stimme „Es reicht, wenn du morgen damit anfängst" so laut, dass sie dich davon abgehalten hat, etwas zu tun, was dir eigentlich gutgetan hätte?

Indem du dieses Buch in der Hand hältst, hast du für dich schon den ersten wichtigen Schritt unternommen. Hin zu einem Alltag, der anders sein kann. Der so sein kann, wie du ihn dir wünschst.

Ja, das bedeutet erst einmal eine Veränderung, die vielleicht auch etwas anstrengend sein wird. Und du kannst davon ausgehen, dass sich diese kleine Stimme, die dich davon abhalten will, dein Leben zu verändern, also dein innerer Schweinehund, melden wird.

Diese Veränderung, die dir so viel Lebensqualität schenkt, darf auch Spaß machen. Indem du dich z. B. beobachtest, wann dein innerer Schweinehund zu dir spricht und wie stolz du auf dich bist, wenn du ihm nicht nachgibst!

Dieses Buch schenkt dir einerseits Klarheit, mit wertvollen Informationen zu unserem Unterbewusstsein, unseren Gewohnheiten und wie wir es schaffen, Leichtigkeit in unserem Alltag zu leben und mit dieser Leichtigkeit und Gelassenheit unsere Resilienz zu stärken, und gleichzeitig erlaubt es dir, dein eigenes Leben, so individuell es auch in all seinen Facetten ist, zu transformieren. Genauso, wie es sich für dich richtig anfühlt.

Und genau das macht es auch für mich so spannend. Weil es dich in deiner Individualität sieht und versteht, mit deinen Stärken und Schwächen, mit deinen Wünschen und Träumen, mit dem, was dich ausmacht.

Deshalb verstehe die unterschiedlichen Methoden und Techniken bitte auch als das, was sie sind. Als Möglichkeiten. Manche davon sind für dich besser geeignet als andere. Nicht alles ist für alle Menschen gleich. Dafür sind wir viel zu unterschiedlich. Und genau das macht unser Leben auch aus.

Deshalb nutze gerne Markierungen, um deine „Diamanten“, also die Inhalte, die für dich besonders wichtig sind, für dich sichtbar zu machen.

Vielleicht macht es für dich sogar Sinn, dir ein schönes Notizbuch zuzulegen und deine Gedanken, Erkenntnisse und Vorhaben separat aufzuschreiben.

Du wirst sehen, dass du nicht nur ein Buch in der Hand hältst, sondern einen Begleiter, der es dir erlaubt, dich selbst und deinen Alltag in den Vordergrund zu stellen, zu reflektieren.

Lass uns mit einer ersten wesentlichen Frage beginnen. Dabei ist es absolut in Ordnung, wenn du noch nicht allumfassend darauf antwortest. Du kannst dir gerne im Laufe des Tages immer wieder Gedanken dazu machen und deine Antwort wachsen lassen.

Stelle dir deinen Alltag vor deinem inneren Auge vor. Du liegst abends in deinem Bett und gehst in Gedanken deinen Tag durch. Wovon möchtest du WENIGER in deinem Leben, in deinem Alltag?

Beispiele können sein:

- Stress
- Druck
- Traurigkeit
- Angst
- Unzufriedenheit
- Unruhe
- Selbstzweifel
- Eifersucht
- Streit

Du kannst diese Beispiele nutzen und sie entweder ergänzen oder markieren. Welche zwei deiner Antworten stehen für dich hierbei an erster Stelle?

Davon möchtest du weniger! Deine TOP 2:

- ____
- ____

Bitte bewerte deine Antworten nicht. Sei viel mehr stolz auf dich, dass du es wagst, genauer hinzusehen. Das kostet Mut und schon allein durch diese Reflexion hast du Erkenntnisse für dich gewonnen, die dir bisher vielleicht noch gar nicht so bewusst waren.

Jetzt stelle dir Folgendes vor: Angenommen, es ist alles möglich. Es gibt keine Einschränkungen. Dein Fühlen und Denken sind grenzenlos. Wovon möchtest du MEHR in deinem Leben, in deinem Alltag?

Beispiele können sein:

- Zufriedenheit
- Gelassenheit
- Zeit
- Liebe
- Vertrauen
- Gesundheit
- Ausgelassenheit
- Entdeckergeist
- Freiheit
- Selbstvertrauen
- Innere Stärke
- Selbstbewusstsein
- Leichtigkeit
- Lebensfreude

Du kannst diese Beispiele wieder nutzen und entweder ergänzen oder markieren, was du täglich gerne vermehrt fühlen möchtest. Vielleicht fragst du dich, wie du „Zeit" fühlen kannst?

Kennst du das Gefühl, nicht genügend Zeit zu haben? Dann kennst du auch das gegenteilige Gefühl, was sich wiederum in Gelassenheit, Ausgeglichenheit und Leichtigkeit bemerkbar machen kann.

Welche zwei deiner Antworten stehen für dich an erster Stelle?

Davon möchtest du MEHR! Deine TOP 2:

- ______________________________

- ______________________________

Nimm auch diese Antworten nur wahr, ohne sie zu bewerten.

Wenn sich die kleine Stimme in dir bemerkbar macht, die meint: „Das hätte ich vielleicht gerne, aber das geht ja nicht, weil …“, dann nimm sie bitte wahr, bedanke dich innerlich bei ihr und schicke sie weg.

KURZ UND KNACKIG

- Resilienz = deine seelische und physische Widerstandskraft
- Es geht NICHT darum, negative Gefühle zu unterdrücken, sondern diese anzuerkennen.
- Es geht darum, dich nicht in negativen Gefühlen zu verlieren.
- Du kannst selbst entscheiden, wovon du weniger in deinem Leben möchtest.
- Du entscheidest, was du in dein Leben einladen möchtest.

Was hat unser Unterbewusstsein mit dem gefühlten Hamsterrad zu tun?

Hebe für einen kurzen Moment deinen Blick und sieh dich in der Umgebung um, in der du dich gerade befindest. Was siehst du, wenn du geradeaus schaust? Was siehst du, wenn du dich umdrehst? Atme einmal tief ein und wieder aus.

Du hast dir gerade einen Moment Bewusstsein geschenkt. Vielleicht hast du erst jetzt bemerkt, wie das Wetter ist, oder dir ist ein Bild oder Foto aufgefallen, welches du schon lange nicht mehr bewusst wahrgenommen hast.

Die Wissenschaft geht davon aus, dass etwa 90 bis 95 Prozent von dem, was wir in unserem Alltag tun, automatisch abläuft. In unserem Unterbewusstsein. Das fängt morgens damit an, mit welchem Bein wir zuerst das Bett verlassen, ob wir danach ins Bad gehen oder in die Küche, ob wir Radio oder Fernseher einschalten, und geht den ganzen Tag so weiter, bis wir uns abends wieder hinlegen.

Ein Automatismus, der viele Vorteile mit sich bringt, weil er sparsam mit unseren Ressourcen und unserer Energie umgeht.

Das ist das, was wir jeden Tag tun. Das Gleiche gilt für das, was und wie wir uns täglich fühlen und auch denken.

Wenn wir davon ausgehen, dass wir etwa 60.000 bis 80.000 Gedanken jeden Tag haben und es wiederholen sich etwa 95 Prozent davon, dann denken wir heute zum überwiegenden Teil das Gleiche wie gestern, und wir werden morgen das Gleiche denken wie heute.

Unsere Gedanken erzeugen die Gefühle, die wir fühlen, und da es sich überwiegend um die gleichen Gefühle wie am Vortag handelt, finden wir uns in dem berühmten Hamsterrad wieder, in dem ein Tag wie der andere zu sein scheint.

Wenn wir also unsere Resilienz-Fähigkeit stärken wollen, dürfen wir mehr von dem fühlen, was uns guttut, und weniger von dem, was uns schadet.

Der Schlüssel zur Veränderung liegt daher in dem, was wir täglich denken, fühlen und tun, also in den Gewohnheiten, die wir uns über Monate, Jahre und teilweise auch Jahrzehnte hinweg angewöhnt haben.

Wie entscheidest du dich?

negative Gewohnheiten	positive Gewohnheiten
• Unzufriedenheit	• Selbstbewusstsein
• Unsicherheit	• innere Stärke
• Sinn suchend	• Sinn findend
• Selbstzweifel	• Selbstliebe
• Lustlosigkeit	• Gelassenheit
• Gereiztheit	• Resilienz

Natürlich gibt es nicht nur schwarz oder weiß.
Aber 80/20 oder 20/80!

Während negative Gewohnheiten oft die Eigenschaften und Gefühle fördern, die uns nicht guttun, verstärken positive Gewohnheiten die Eigenschaften und Gefühle, mit denen wir uns wohlfühlen.

Das Positive ist: Alles ist veränderbar! Du kannst dich jeden Tag aufs Neue entscheiden, welche Gewohnheiten du in deinem Leben weiterhin aufrechterhalten und welche du ändern möchtest!

KURZ UND KNACKIG

- Der größte Teil unserer Gedanken und Gefühle wiederholt sich täglich.
- Wenn du heute das Gleiche denkst wie gestern, wirst du morgen genauso denken und fühlen wie heute.
- Der Schlüssel für Veränderung liegt in dem, was wir täglich tun, also in unseren Gewohnheiten.
- Gewohnheiten sind ein Automatismus, den wir so lange unbewusst ausführen, bis wir Bewusstsein dafür schaffen.

Wie Gewohnheiten unser Leben bestimmen!

Vielleicht geht es dir wie mir vor einigen Jahren, als ich davon überzeugt war, dass sich eine Gewohnheit nur auf das bezieht, was wir tun.

Dass aber so viel mehr hinter einer Gewohnheit steht, nämlich das, was wir denken, was und wie wir fühlen, was wir tun (aber auch das, was wir NICHT tun) und wie wir Entscheidungen treffen (bedacht, unbedacht, schnell, langsam), war mir anfangs gar nicht richtig bewusst.

Und noch viel wichtiger ist für mich die Erkenntnis, dass all diese Gewohnheiten voneinander abhängig sind und sich im positiven, wie auch im negativen Aspekt, verstärken können.

Wie dreht sich deine Gewohnheiten-Spirale?

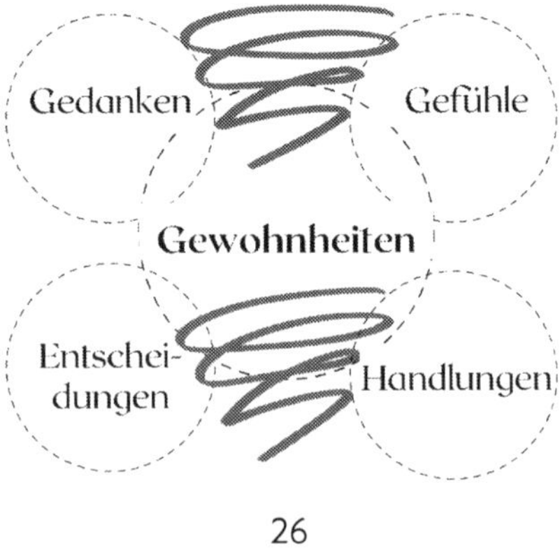

In der vorangegangenen Abbildung siehst du die Abhängigkeiten bildlich dargestellt. Lass uns genauer darauf eingehen. Allein das Verständnis für diese Zusammenhänge kann schon so viel bewirken und war für mich ein unglaublicher Motivator!

Stelle dir für die negative Gewohnheiten-Spirale bitte folgende Situation vor:

Du stehst morgens vor dem Spiegel und siehst sie wieder, die Stellen, die dir so bekannt sind und die dir gar nicht gefallen. Wie von selbst drehen sich deine Gedanken um Themen wie „Ich muss endlich abnehmen“, „Die Falten werden immer tiefer“ oder „Andere sehen besser aus“.

Und schon spürst du dieses unangenehme Gefühl, welches sich plötzlich in dir ausbreitet. Was ist es genau? Unzufriedenheit, weil du nicht so aussiehst, wie du es dir wünscht? Unsicherheit, weil du das Gefühl hast, du müsstest besser aussehen? Selbstverurteilung, weil du gestern wieder schwach geworden bist (Entscheidung) und zu viel Ungesundes gegessen hast (Handlung)?

Du kannst dem Gefühl momentan keinen Namen geben, aber du weißt, dass es da ist, denn du spürst diesen Druck, in deinem Bauch, in deiner Brust oder vielleicht in deinem Hals.

Einen Namen dafür braucht es auch nicht, denn du kennst es gut. Immerhin begleitet es dich schon eine ganze Weile täglich.

Keine gute Basis für deinen weiteren Tag. Du bist mit dir selbst nicht zufrieden, gehst hart mit dir ins Gericht und fühlst dich energielos. Während des Tages vergleichst du dich auch noch mit deiner Kollegin, Freundin oder Nachbarin, die dir über den Weg läuft. Ungefragt ist er wieder da, der Gedanke: „Die sieht heute aber gut aus. Hat ganz schön abgenommen. Warum gelingt mir das eigentlich nicht?"

Und am Abend? Da ist er wieder, der Schokoriegel (Entscheidung und Handlung). Du hast dich den ganzen Tag nicht gut gefühlt, jetzt hast du ihn dir aber verdient. Immerhin reicht es, wenn du morgen damit anfängst, dich zu verändern.

Negative Gewohnheiten-Spirale

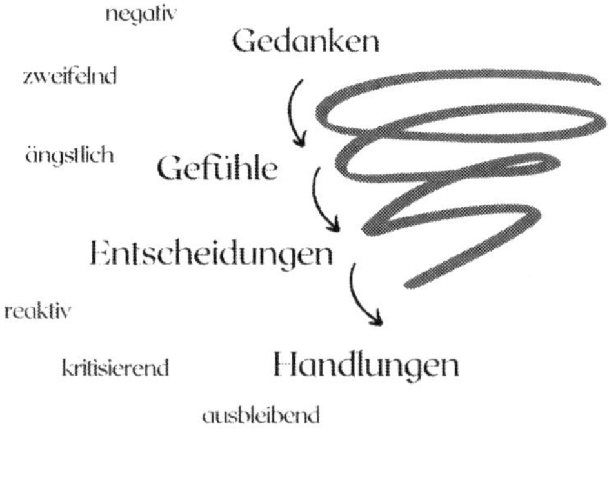

Das war eines von unzähligen Beispielen dafür, wie unsere Gedanken unsere Gefühle, Entscheidungen und Handlungen beeinflussen.

Bitte nimm dir einen Moment Zeit. Woran erinnert dich dieses Beispiel, wenn du an deinen Alltag denkst?

Welche ähnlichen Situationen kennst du? Welcher Gedanke erzeugt welches negative Gefühl? Welche Entscheidungen triffst du, und was tust du daraufhin bzw. tust es nicht?

Situation 1: ______________________________

Gedanke: ______________________________

Gefühle: ______________________________

Entscheidungen: ______________________________

Handlungen: ______________________________

Situation 2: ______________________________

Gedanke: ______________________________

Gefühle: ______________________________

Entscheidungen: ______________________________

Handlungen: ______________________________

Situation 3: ______________________________

Gedanke: ______________________________

Gefühle: ______________________________

Entscheidungen: ______________________________

Handlungen: ______________________________

Je bewusster du dir darüber bist, umso mehr hast du die Möglichkeit, diese Gedanken, Gefühle, Entscheidungen und Handlungen zu verändern.

Wie lebenswert eine Veränderung sein kann, zeigt das folgende Beispiel für die positive Gewohnheiten-Spirale. Fühle dich dazu bitte in folgende Situation hinein:

Du öffnest morgens das Fenster oder die Terrassentür und atmest ganz bewusst die frische Luft ein. Währenddessen (Gedanken) denkst du: „Danke für diesen neuen Tag, der mir geschenkt wird", „Danke für meine Gesundheit, die Menschen in meinem Leben", „Danke, dass ich ich bin", und schon spürst du dieses wohlig warme Gefühl in dir aufkommen.

Du kannst für so vieles in deinem Leben dankbar sein (Entscheidung), dass du gar nicht weißt, woran du zuerst denken sollst.
Du fühlst dich wohl und beim nächsten Atemzug stellst du dich, fast schon wie von selbst, aufrecht hin (Handlungen) und spürst die Energie, die sich in deinem Körper ausbreitet.

Ein Lächeln zeigt sich auf deinem Gesicht. Jetzt bist du bereit für einen Tag, der so viele Erfahrungen für dich bereithalten darf.
Du vertraust darauf, dass du alle Herausforderungen mit Leichtigkeit lösen wirst, und bist gespannt auf alles, was dich erwartet.

Genau so oder so ähnlich verhält es sich, wenn du deine positive Gewohnheiten-Spirale aktiviert hast. Ein positiver Gedanke ergibt den anderen, und es entwickeln sich positive Gefühle, die dich in deinen Entscheidungen und Handlungen unterstützen!

Positive Gewohnheiten-Spirale

Als du beide Situationen gelesen hast, sind Bilder und Gefühle in dir entstanden. Hast du den gewaltigen Unterschied wahrnehmen können?

Die bewusste Entscheidung für oder gegen gewohnte Gedanken und Gefühle kann einen erheblichen Einfluss auf unsere Lebensqualität haben!

Bitte nimm dir einen Moment Zeit. Woran erinnert dich dieses Beispiel, wenn du an deinen Alltag denkst?

Welche ähnlichen Situationen kennst du? Welcher Gedanke erzeugt welches positive Gefühl? Welche Entscheidungen triffst du, und was tust du daraufhin bzw. tust es nicht?

Situation 1: ______________________________

Gedanke: ______________________________

Gefühle: ______________________________

Entscheidungen: ______________________________

Handlungen: ______________________________

Situation 2: ______________________________

Gedanke: ______________________________

Gefühle: ______________________________

Entscheidungen: ______________________________

Handlungen: ______________________________

Situation 3: ______________________________

Gedanke: ______________________________

Gefühle: ______________________________

Entscheidungen: ______________________________

Handlungen: ______________________________

Wenn wir uns in der negativen Gewohnheiten-Spirale wiederfinden, dann sind wir wesentlich schneller und stärker verwundbar, sobald uns schlechte Nachrichten erreichen. Ganz egal, ob es sich um familiäre, berufliche oder politische Nachrichten handelt.

Wenn wir es allerdings schaffen, die positive Gewohnheiten-Spirale in Gang zu setzen, sind wir innerlich gestärkt und wesentlich resilienter. Äußere Einflüsse haben dann zwar immer noch eine Auswirkung auf uns, aber mit einer wesentlich geringeren Kraft.

Kurz gesagt:

- Negative Gewohnheiten – schwächen uns

- Positive Gewohnheiten – stärken uns und machen uns widerstandsfähiger für unvorhergesehene Einflüsse von außen

Aus diesem Grund lohnt es sich einmal mehr, unseren Fokus auf unsere Gewohnheiten zu lenken, diese zu bewerten und ganz gezielt zu verändern.

KURZ UND KNACKIG

- Eine Gewohnheit definiert sich nicht nur aus dem, was wir tun, sondern auch, wie wir fühlen, denken und entscheiden.

- Die Spirale der Gewohnheiten kann sich sowohl negativ als auch positiv drehen.

- Die bewusste Entscheidung für oder gegen gewohnte Gedanken und Gefühle kann einen erheblichen Einfluss auf unsere Lebensqualität haben.

- Unsere Gewohnheiten haben indirekt Einfluss auf unsere Resilienz-Fähigkeit.

- Es lohnt sich, unseren Alltag zu prüfen, zu bewerten und wenn erforderlich zu verändern.

Positive Veränderungen – Schritt für Schritt!

Dass sich eine Veränderung lohnt, steht also außer Frage, aber was genau möchtest du jetzt eigentlich verändern?

Um dieser Antwort ein Stück näherzukommen, rufe dir bitte noch einmal deine TOP 2 in Erinnerung. Wovon möchtest du WENIGER, und wovon möchtest du MEHR in deinem Alltag?

Vielleicht möchtest du WENIGER Stress und dafür mehr Leichtigkeit. Oder du möchtest weniger Druck und dafür mehr Gelassenheit. Oder weniger Unruhe und dafür mehr Gesundheit.

Was auch immer es ist. Stelle dir die Frage, was du tun kannst, um das, wovon du MEHR möchtest, auch zu bekommen.

Was müsstest du in deinen Alltag integrieren, dir also zur Gewohnheit machen, um dir mehr Lebensqualität zu schenken und deine Resilienz zu stärken?

Es gibt unzählige Möglichkeiten, dir MEHR von dem zu schenken, was du möchtest. Hier findest du einen kleinen bunten Blumenstrauß an neuen potenziellen Gewohnheiten, die dir Kraft schenken können:

- Achtsame Morgenroutine
- Achtsame Abendroutine

- Meditation
- Journaling
- Dankbarkeitspraxis
- Yoga
- Bewusstheit im Hier und Jetzt
- Gesündere Ernährung
- Mehr Wasser trinken
- Mehr Bewegung
    - Joggen
    - Spazieren
    - Dehnen
    - Schwimmen
    - Rad fahren
    - Klettern
    - ...
- Basteln
- Lesen
- Wellness
- ...

Alles beginnt und endet mit dem Bewusstsein, welches du der Veränderung entgegenbringst.

Die für mich wertvollsten Gewohnheiten für weniger Stress und mehr Gelassenheit, innere Stärke, Zufriedenheit, Glück, Selbstvertrauen, Selbstbewusstsein und Leichtigkeit möchte ich dir gerne im Detail etwas näher vorstellen.

Planungs- und Reflexionspraxis

Nichts nimmt mir mehr den Stress als eine gute Jahres-, Wochen- und Tagesplanung, und zwar schriftlich. Es heißt nicht umsonst: „Rauf aufs Papier ist raus aus dem Kopf." Und wenn die Informationen raus aus dem Kopf sind, ist dieser frei für andere Dinge.

Planst du dein Jahr, deine Woche und deine Tage bereits gewohnheitsmäßig?

Wenn du möchtest, fange gerne damit an und gewöhne dir dieses wertvolle Tool an:

<u>Jahresplanung und -reflexion:</u> Vielleicht kennst du das auch: Das Ende eines Jahres ist für mich immer besonders magisch. Das Gefühl eines vermeintlich neuen Anfangs beflügelt mich immer wieder aufs Neue. Auch wenn ich eigentlich weiß, dass ich eine Veränderung täglich anstoßen kann und nicht aufs Jahresende warten muss, gefällt mir der Gedanke. Ich nehme mir die Zeit, mich mit einem Tee sowie Notizbuch und Stift hinzusetzen und immer ganz begeistert und motiviert zu reflektieren und zu planen.

Gerne teile ich meine Reflexionsfragen mit dir.
<u>Schaue dazu auf das vergangene Jahr zurück und beantworte, um zu reflektieren, die folgenden Fragen:</u>
- Was war im vergangenen Jahr besonders?
- Was durftest du erleben?
- Was hat dir Freude gemacht?
- Was hast du „erreicht" und worauf bist du stolz?

- Was ist dagegen nicht so gut gelaufen und was kannst du tun, um es das nächste Mal besser zu machen?
- Was hast du gelernt?
- Welche Bücher hast du gelesen?
- Wie viel Geld hast du ausgegeben und wofür?
- Wie viel Geld konntest du sparen?
- Was hast du in diesem Jahr zum ersten Mal gemacht?
- Welche Menschen sind in dein Leben getreten?
- Wie hast du dich in dem vergangenen Jahr verändert?

Daraufhin kannst du deine Planung für das neue Jahr angehen.
<u>Dabei können dich die folgenden Fragen unterstützen:</u>
- Wie möchtest du dich im neuen Jahr fühlen?
- Was kannst du tun, um dich so zu fühlen?
- Was möchtest du im neuen Jahr erleben?
- Was möchtest du im neuen Jahr erreichen?
- Welche Orte möchtest du besuchen?
- Was möchtest du im neuen Jahr lernen?
- Welche Bücher möchtest du lesen?
- Wofür möchtest du Geld ausgeben?
- Wie viel Geld möchtest du sparen?
- Bist du zufrieden in deinem Job oder möchtest du etwas ändern?
- In welchen Bereichen deines Lebens bist du zufrieden und was möchtest du ändern?
- Was muss in einem Jahr passiert sein, um für dich sagen zu können, dass du ein glückliches Jahr erlebt hast?

Anhand deiner Antworten kannst du dann in deinem Kalender in die Detailplanung für das kommende Jahr gehen. Du kannst dir Teilziele je Quartal und dann noch einmal je Monat setzen und schriftlich festhalten.

In der Regel mache ich das Gleiche noch einmal an meinem Geburtstag. Das liegt daran, dass dieser etwa in der Hälfte des Jahres liegt. Ich schaue mir an, ob sich meine Ziele vielleicht verändert haben, ob ich zufrieden mit der aktuellen Situation und sozusagen „auf Kurs“ bin, oder an welchen Stellschrauben ich drehen kann, um die zweite Jahreshälfte wieder in die für mich richtige Richtung zu lenken.

Für diese Halbjahresreflexion kannst du dir einen festen Termin setzen und diesen in deinem Kalender eintragen.

Wenn du feststellst, dass es für dich schwierig ist, ein ganzes oder ein halbes Jahr zu reflektieren, weil manche Dinge einfach in Vergessenheit geraten, dann lohnt es sich, auch während des Jahres Listen anzulegen, die du sukzessive füllen kannst.

<u>Solche Listen können beispielsweise sein:</u>
- Bücher, die du gelesen hast
- Orte, die du besucht hast
- Menschen, die du kennengelernt hast
- Dinge, die du zum ersten Mal gemacht hast
- Anschaffungen, Erlebnisse, die du dir geleistet hast
- Deine Highlights je Monat
- usw.

Dann fällt dir die Jahresreflexion wesentlich einfacher.

Du kannst selbstverständlich zu jeder Zeit damit anfangen. Dafür gibt es kein richtig und kein falsch. Wenn du genau jetzt Lust bekommen hast, dir die Zeit zu schenken und dich mit deinem Leben und dem vergangenen

Jahr intensiv auseinanderzusetzen, dann leg einfach los und hab Spaß dabei. Wer weiß, welche Erkenntnisse du damit gewinnst!

Wochenplanung und -reflexion: Jeden Sonntag nehme ich mir die Zeit und reflektiere die letzte Woche. Hier gehe ich ähnlich vor, wie in meiner Jahresplanung/ -reflexion, allerdings in der Version „kurz und knackig".

Wenn du die letzte Woche reflektieren möchtest, dann stelle dir, wie ich, die folgenden Fragen:

- Was waren deine 3 größten Erfolge der letzten Woche? Hier geht es nicht um Mega-Erfolge, sondern auch um die kleinen Dinge, auf die du stolz bist, oder deren Erledigung dich glücklich gemacht hat.
- Was hat in der letzten Woche noch nicht so gut geklappt, und was kannst du besser machen?
- Wer oder was hat dich in der letzten Woche inspiriert?

Und dann kannst du in die Planung deiner nächsten Woche übergehen.

- Was steht in der nächsten Woche wann an?
- Was nimmst du dir vor?
- Was sind die nächsten Schritte, die du in der kommenden Woche tun kannst, um deine Monats- und Quartalsziele aus deiner Jahresplanung zu erreichen?
- Wie möchtest du dich fühlen?

So siehst du für die kommende Woche alles auf einen Blick und nimmst dir den Stress, irgendetwas zu vergessen.

Tagesplanung und -reflexion: Einmal täglich, für mich fühlt es sich aktuell in meiner Abendroutine am besten an, reflektiere ich noch einmal meinen Tag und plane den morgigen. Je nachdem, wie viel Zeit ich mir dafür nehmen möchte, fällt dieser Schritt einmal kürzer, einmal länger aus.

Du kannst die Tagesplanung und -reflexion auch in deine Morgenroutine oder in deine Mittagspause einbauen, je nachdem, wie es sich für dich gut anfühlt.

Stelle dir dazu die folgenden Fragen:
- Hast du das erreicht, was du erreichen wolltest?
- Hast du dich so gefühlt, wie du dich fühlen wolltest?
- Was kannst du morgen genauso, was anders machen?
- Was erledigst du morgen direkt am Vormittag, damit es erledigt ist („eat the frog")?

Gerade am Anfang handelt es sich bei dieser Planungs- und Reflexionspraxis um eine Gewohnheit, die erst angewöhnt werden möchte. Aber wenn sie einmal zum Automatismus geworden ist, möchte man sie nicht mehr missen.

Diese Art der Planung hat viele Vorteile. Beispielsweise:
- Sie gibt dir eine gewisse Sicherheit und Ruhe, weil du weißt, wo du stehst und wohin du möchtest.
- Nachdem du deinen Tag reflektiert und den neuen Tag geplant hast, machst du dir keine Gedanken mehr darüber und kannst gut schlafen.
- Du weißt, dass nichts in Stein gemeißelt ist und du jederzeit ändern kannst, was du ändern möchtest.
- In deinem Alltag rennst du nicht mehr nur, sondern weißt auch, wohin du rennen möchtest.
- Außerdem ist es absolut spannend, sich die

vergangenen Aufzeichnungen noch einmal anzusehen. Denn wir sind immer der Ansicht, es würde so vieles gleich bleiben, dabei verändern wir uns ständig. Dieser Prozess wird damit noch einmal mehr sichtbar.

So eine Planung kann sich unglaublich gut anfühlen, weil sie dir einerseits Sicherheit vermittelt, aber gleichzeitig weißt du, dass du es bist, der die Veränderung bewirken und dein Leben steuern kann.

Markiere dir gerne die Fragestellungen, die für dich neu waren, deren Antworten dir einen Mehrwert geben und die du in deine Reflexionen und Planungen zukünftig einbauen möchtest.

ERFOLGSTAGEBUCH

Wenn du möchtest, kannst du dir ein paar separate Seiten in deinem Jahresplaner frei lassen und darauf deine Erfolge noch einmal komprimiert zusammenfassen.

Wenn du dazu ergänzt, wie du dich gefühlt hast, wie stolz du darauf bist und wer den Erfolg mit dir geteilt hat, dann hauchst du dem Ereignis noch einmal mehr Leben ein, und es wird dir große Freude bereiten, dich im Nachhinein daran zu erinnern.

Genial ist es auch, wenn du vielleicht ein Foto hast, welches du deinen Aufzeichnungen hinzufügen kannst. Das hilft dir noch mehr, dich an den Moment zu erinnern und die positiven Gefühle wieder aufleben zu lassen.

Indem du dir diese Seiten separat anlegst, hast du den Vorteil, dass du alles auf einen Blick hast und nicht die Aufzeichnungen der vergangenen Wochen oder Monate durchgehen musst.

Dir wird klar, wie viel du wirklich geschafft hast! Denn wie oft hast du Erfolge und feierst sie nicht?

Du tust dir selbst einen Gefallen, wenn du deinen Fokus genau darauf richtest und dich viel öfter dafür feierst. Denn diese Aufzeichnungen sind es, die dir in schwierigen Lebenssituationen Mut geben werden und die dich motivieren, wenn du genau diese Motivation dringend brauchst!

Aus diesen Gründen kann ich dir nur von Herzen empfehlen, ein Erfolgstagebuch zu führen. Und dabei definierst du, was ein Erfolg für dich ist! Vielleicht hast du es geschafft, Bewusstsein zu schaffen, und zwar für einen kleinen Moment, dann ist das großartig und hat einen Eintrag verdient. Ganz egal, was es ist, wenn es dir wichtig ist, dann ist es ein Erfolg!

Sei stolz auf dich! Wenn du weißt, dass du es einmal geschafft hast, dann kannst du es auch wiederholen!

Naturbaden

Für weniger Stress, mehr Gelassenheit und Resilienz prüfe gerne einmal für dich, wie sich ein Naturbad für dich anfühlt.

Mache dazu einen Spaziergang in der Natur. Allerdings sollte dieser nicht wie gewöhnlich ablaufen, bei dem du losgehst, dich von Musik ablenken lässt oder mit deinen Gedanken entweder in der Vergangenheit (vielleicht bei einem gestrigen Gespräch, welches dich immer noch beschäftigt) oder in der Zukunft (vielleicht bei der Frage, was es heute zum Abendessen gibt) bist.

Du nimmst dir Zeit für dich. Für deine Achtsamkeit. Für deine Entschleunigung. Um deinen Akku aufzuladen.

Wenn du ein Stück gegangen bist, den Alltag hinter dir lassen konntest, dann halte einen Moment inne. Jetzt sieh dich um. Was genau siehst du? Lass dir dabei Zeit und stell dir vor, du hast die Neugierde eines Kindes und ein Baum ist nicht nur ein Baum, sondern genau wie du einzigartig. Was macht den Baum, den du gerade siehst, so einzigartig?

Wenn du dir die Zeit genommen hast, dann geh ein Stück weiter. Einen Schritt nach dem anderen. Spüre, wie deine Füße unsere Erde berühren. Wie es sich anfühlt, wenn du von einem auf das andere Bein wechselst und wie sicher du dich fühlst, wenn du stehen bleibst. Wenn du möchtest, dann mache doch etwas ganz Verrücktes und ziehe deine Schuhe aus. Indem du einen Teil des Weges barfuß gehst, stellst du die Verbindung zu Mutter Erde noch intensiver her.

Wechsle nun deinen Fokus und konzentriere dich auf das, was du hörst. Wie still ist es in der Natur. Gibt es Vögel, die zwitschern, oder ein Eichhörnchen, das sich bemerkbar macht? Vielleicht ein Flugzeug über dir?

Nimm einfach nur wahr, was du hörst, ohne das Geräusch zu bewerten. Angenommen es begegnen dir zwei Fußgänger, die sich unterhalten, dann nimm das Geräusch einfach wahr, ohne Gedanken wie „Warum müssen die so laut reden“, „Ich fühle mich gestört“, ...

Versuche dann, die Geräusche einzuordnen. Welche hörst du von fern? Welche von nah?

Und dann setzt du deinen Weg fort. Wieder einen Fuß vor den anderen. Vielleicht magst du hüpfen, vielleicht eine kurze Strecke einfach losrennen.

Nach einer Weile bleibst du wieder stehen und suchst dir etwas, was du bewusst fühlen möchtest. Ein Blatt, einen Tannenzapfen oder den Stamm eines Baumes. Wie fühlt es sich an? Ist es warm oder kalt, hart oder weich? Versuche, für dich zu beschreiben, was du fühlst, wieder ohne Bewertung.

Gehe dann deinen Weg weiter und, wenn es für dich passt, dann richte deinen Blick auch einmal nach oben und sieh dir den Himmel genau an. Welche Farbe hat er? Sind viele oder wenige Wolken zu sehen?

Atme die frische Luft tief ein und aus und bedanke dich bei dir, dass du dir diese Zeit geschenkt hast.

Je nachdem, wie viel Zeit du dir schenken möchtest, kannst du entweder einen langen Spaziergang für dich einplanen oder du nutzt in der „kurz und knackig“-Version einzelne Bereiche, auf die du beim nächsten Spaziergang oder auf dem Weg zur Arbeit deinen Fokus setzen möchtest.

Beim Naturbaden geht es weniger um eine Gewohnheit, die du täglich tust, natürlich ist das möglich, aber in diesem Kontext nicht so gewollt, als vielmehr um eine Gewohnheit, wie du durch dein Leben spazierst. Du kannst das Naturbad als eine Art Training verstehen, um Bewusstsein zu schaffen und zu schärfen. Weg von deinen Gedanken in Vergangenheit und Zukunft, hin zu Gedanken im Hier und Jetzt, im jetzigen Moment.

Meditationspraxis

Mittlerweile ist es für mich so unglaublich wichtig, regelmäßig zu meditieren, dass ich mir gar nicht mehr vorstellen kann, wie es war, als mir Meditation vollkommen fremd war. Denn durch Meditation nehme ich Abstand vom Alltagsstress und erlaube es mir, ganz bei mir anzukommen.

Wenn du jetzt denkst: „Ramona lass mich doch bitte mit dem Thema Meditation in Ruhe. Das ist doch nur spiritueller Humbug. Was soll es denn bringen, wenn ich mich eine halbe Stunde still hinsetze und vor mich hin sinniere?“ Dann sage ich dir: „Mache dich doch bitte frei von deinen Vorurteilen und gebe dir die Chance, die Macht der Meditation für dich zu entdecken und zu nutzen. Denn wenn du immer alles genau so machst, wie du es bisher getan hast, dann wird auch immer alles genau so bleiben, wie es jetzt ist. Wenn du etwas verändern möchtest, dann ist es ratsam, auch einmal einen anderen und ungewohnten Weg einzuschlagen oder zumindest zu versuchen. Danach kannst du entscheiden, ob du Meditation in dein Leben integrieren möchtest oder nicht.“

Als ich damals damit begonnen habe, zu meditieren, war der Gedanke an Meditation für mich nicht ganz fremd, da ich in jungen Jahren bereits autogenes Training angewendet habe. In meinen Augen sind sich beide Techniken in gewisser Form sehr ähnlich. Mit Meditation habe ich bis dato aber immer sehr stark Spiritualität verbunden, und mit Spiritualität wiederum übersinnlichen Hokuspokus. Vielleicht geht oder ging es dir ähnlich. Ich war ein sehr starker Kopfmensch, der gerne nur an die Dinge geglaubt hat, die er wirklich sieht.

Nichtsdestotrotz war ich neugierig und habe der Meditation eine Chance gegeben. Mittlerweile meditiere ich regelmäßig und möchte es auch nicht mehr missen.

MEDITATIONS-BENEFITS

Wenn du regelmäßig meditierst, wirst du dir und deiner selbst zunehmend bewusster. Das liegt daran, dass du deinen Blick von außen nach innen richtest, und dir dadurch die Möglichkeit gibst, deinen Körper und deine Gedanken anders wahrzunehmen, als du es in deinem gestressten Alltag gewohnt bist.

Wir alle werden täglich von so vielen äußeren Umständen beeinflusst, dass wir uns immer mehr ausgelaugt und gehetzt fühlen. Indem wir meditieren, nehmen wir den äußeren Druck weg und gönnen uns ganz neue Momente der Erholung und Entspannung. Wir skalieren unseren inneren Kompass und können uns innerlich neu ausrichten.

Meditationen dienen aber nicht nur als Entspannungs- und Reflexionsübungen, sondern sogar zur Vorbeugung von Depressionen oder Burn-out, Schmerztherapie oder der Überwindung von Ängsten.

Indem du regelmäßig meditierst, kannst du deine Liebe zu dir selbst, oder beispielsweise dein Mitgefühl gegenüber anderen steigern und sensibilisieren. Gleichzeitig wirst du dir bewusster über die Qualität deiner eigenen Gedanken und erhältst zunehmend die Möglichkeit, diese aktiv für dich zu steuern.

WELCHER MEDITATIONSTYP BIST DU?

Bevor du mit deiner Meditation startest, solltest du für dich entscheiden, welcher Meditationstyp du bist. Wenn du bereits erste Versuche der Meditation unternommen hast, aber nicht überzeugt bist, kann es auch daran liegen, dass die Methode, für die du dich bisher entschieden hast, nicht die richtige für dich ist. Ich stelle dir die folgenden drei Methoden vor:

STILLE MEDITATION

Im Rahmen der stillen Meditation suchst du dir einen Ort, an dem du die nächsten Minuten ungestört bist, und setzt dich bequem z. B. im Schneidersitz mit aufrechtem Rücken hin. Deine Hände legst du mit den Innenseiten nach oben auf deine Oberschenkel. Wenn du bereit dazu bist, schließt du deine Augen. Du konzentrierst dich auf deine Nasenspitze und dadurch auf deinen Atem. Wenn Gedanken kommen, dann nimmst du die Tatsache wahr, lässt die Gedanken aber weiterziehen.

Gehe nicht mit deinen Gedanken mit und bringe deine Aufmerksamkeit wieder auf deinen Atem. Nach einer für dich angemessenen Zeit, atme ein paar Mal tief ein und tief aus. Und dann öffne deine Augen.

Wenn es dir wie mir ergeht, dann fällt es dir gar nicht so leicht, deine Gedanken einfach ziehen zu lassen. Aber lass dir gesagt sein, mit der Zeit wird es immer einfacher. Allerdings kommt es auch auf deine aktuelle Tagesfassung an. Du wirst merken, dass es dir an manchen Tagen leichter fällt als an anderen Tagen. Dies gilt auch für die nächsten beiden Meditationsarten, die ich dir vorstelle.

GELEITETE MEDITATION

Wenn es dir schwerfällt, dich nur auf deinen Atem zu konzentrieren, dann kannst du eine geleitete Meditation für dich entdecken. Je nachdem, welchen Fokus du mit der Meditation setzen möchtest, kannst du dich für eine Entspannungsmeditation, eine „Guten-Morgen-Meditation", eine Selbstliebe-Meditation, eine Chakra-Meditation und viele mehr entscheiden. Es gibt Apps, die geleitete Meditationen anbieten. Im digitalen Zeitalter liegt dir die Meditationswelt zu Füßen.

Du wirst feststellen, dass dich nicht jede geleitete Meditation gleichermaßen anspricht. Dies ist abhängig von der Stimme, der Redegeschwindigkeit, etc. Aus diesem Grund solltest du auch hier unterschiedliche Varianten ausprobieren, bis du sicher sagen kannst, dass dich eine geleitete Meditation grundsätzlich nicht anspricht.

GEHMEDITATION

Wenn du nichts davon hältst, dich still hinzusetzen, um zu meditieren, kann eine Gehmeditation das Richtige für dich sein. Diese kannst du ebenfalls entweder nur für dich im Stillen durchführen oder du lässt dich von einer Stimme geführt anleiten.

Du solltest die Meditation an einem Ort machen, an dem du nicht auf andere Verkehrsteilnehmer achten musst. Hier eignet sich der Spaziergang in einem Park am besten. Da du deine Augen im Gehen geöffnet hast, sind unebene Wege kein Problem.

LEARNING BY DOING

Jetzt wünsche ich dir viel Spaß beim Loslegen. Im Idealfall fängst du mit ein paar wenigen Meditations-Minuten zum Eingewöhnen an. Je nachdem, wie leicht es dir fällt, kannst du die Meditationszeit sukzessive erhöhen. Zu meditieren ist kein Zwang. Überzeuge dich von den Vorteilen, die eine Meditation auf deinen Körper und deinen Geist hat, und dann wirst du ganz von allein das Bedürfnis verspüren, öfter und länger zu meditieren.

Wichtig ist, dass du nicht sofort aufgibst, wenn es dir bei den ersten Malen nicht so gut gelingt, deine Gedanken einfach ziehen zu lassen. Es verhält sich wie bei allen anderen Dingen, die wir in unserem Leben lernen dürfen. Alles braucht seine Zeit. Als Kind konntest du auch nicht sofort laufen, als du bereit warst, auf eigenen Füßen zu stehen. Du bist immer wieder hingefallen und wieder aufgestanden, so lange, bis du die ersten Schritte allein gehen konntest, und nach einer gewissen Zeit ist es dir gelungen, zu laufen, ohne hinzufallen.

Aus welchem Grund solltest du sofort meditieren können, obwohl du deinen Geist jahrzehntelang nicht trainiert hast?

Morgen- und Abendroutine

Der ganz bewusste Start in deinen Tag kann genauso wichtig und kraftvoll sein wie dein bewusster Tagesabschluss.

Denn wenn du schon morgens im Bett noch vor dem Augenaufschlag in Gedanken deine Aufgaben und Pflichten, die heute auf dich warten, durchgehst, setzt du deinen Stressmodus in Bewegung, obwohl das gar nicht sein müsste. Du erzeugst in dir bereits eine Unruhe, die dich den ganzen Tag über begleitet. Vielleicht kennst du Situationen, in denen du bereits beim Zähneputzen den Zeitdruck im Nacken spürst und an verschiedene Tätigkeiten denkst, die du schnellstens erledigen musst und die du auf keinen Fall vergessen darfst.

Ein achtsamer Start in den Tag dagegen kann wahre Wunder bewirken. Gerade dann, wenn du das Gefühl hast, dir diesen nicht schenken zu können, weil du dafür keine Zeit hast, benötigst du ihn am meisten. Das ist wirklich so!

Dass du diese Zeit für dich hast, und wie du dir Zeit einräumen kannst, wirst du im weiteren Verlauf dieses Buches noch erfahren.

Stelle dir im Moment einfach die folgende Situation vor: Wie wäre es, wenn du morgens aufwachst und die ersten paar Minuten gehören dir. Kein Stress, kein automatisches Erinnern an all die Dinge, die erledigt werden müssen, sondern Energie und eine gute Basis für den Tag, der auf dich wartet.

Genau das ist möglich! Indem du dir eine Morgenroutine angewöhnst, die sich für dich gut anfühlt. Eine Morgenroutine könnte beispielsweise folgendermaßen aussehen:

POSITIVE GEDANKEN BEIM AUFWACHEN

Du wachst morgens auf und noch mit geschlossenen Augen sagst du dir: „Danke für den Tag, der auf mich wartet. Ich freue mich schon sehr auf alles, was ich erleben und erfahren darf!“ Vielleicht kannst du ein angenehmes, warmes Gefühl in dir erzeugen und dieses verstärken. Sobald deine Gedanken abdriften und die Geschehnisse des Tages vorwegnehmen wollen, stoppst du sie und lässt sie weiterziehen.

FRISCHE LUFT UND ENERGIE EINATMEN

Nach dem Aufstehen gönnst du dir ein paar Atemzüge Frischluft, entweder bei geöffnetem Fenster oder geöffneter Terrassentür. Konzentriere dich darauf, wie sich die frische Luft in deinem Körper ausbreitet und wie es sich beim Ausatmen anfühlt. Vielleicht hörst du einen Vogel zwitschern, der dich begrüßt.

SCHENKE DEINEM KÖRPER EIN GROSSES GLAS WASSER

Ein großes Glas frisches Wasser kann der nächste Schritt in deiner Morgenroutine sein, die dafür sorgt, dass dein Körper mit ausreichend Flüssigkeit versorgt wird und dir das nötige Fundament für den weiteren Tagesverlauf gibt.

Je nachdem, wie ausführlich du deine Morgenroutine gestalten möchtest, kannst du beispielsweise eine Meditation genauso darin einbauen wie deine Planungs- und Reflexionspraxis.

Wichtig ist, dass du es dir erlaubst, dir diese Zeit für dich zu schenken, ohne deine Gedanken zu deinen Pflichten, Terminen und Aufgaben abschweifen zu lassen.

Genauso wichtig ist es, dir in den Abendstunden ein wenig Zeit für dich einzuräumen, um dir die Möglichkeit zu geben, den Tag noch einmal Revue passieren und loslassen zu können. So vermeidest du das Gedankenkarussell abends im Bett, dass dich davon abhalten möchte, einzuschlafen.

Auch hier gilt, je nachdem, wie viel Zeit du dir schenken möchtest, kann deine Abendroutine kürzer oder länger ausfallen. Eine Abendroutine könnte beispielsweise folgendermaßen aussehen:

DEN HEUTIGEN TAG REFLEKTIEREN UND DEN MORGIGEN TAG PLANEN

Du hast bereits verschiedene Fragestellungen kennengelernt, die dich dabei unterstützen, deinen heutigen Tag zu reflektieren und den morgigen Tag so zu planen, dass du dir darüber keine Gedanken mehr machen musst. Indern du es dir beispielsweise mit einer guten Tasse Tee bei Kerzenschein und einer Decke gemütlich machst, gibst du dir ein besonderes Gefühl, welches dich zur Ruhe kommen lässt.

DIGITAL DETOX

Gerade am Abend vor dem Schlafengehen darfst du deinen digitalen Konsum einstellen, um die körpereigene Melatonin-Produktion (Hormon, welches schlaffördernd wirkt) anzuregen. Zwar gibt es mittlerweile Blaulichtfilter, die du nutzen kannst, aber letztlich musst du selbst entscheiden, was dir guttut.

Wenn du Probleme damit hast, einschlafen zu können, dann kann es daran liegen, dass du noch vor dem Zubettgehen fernsiehst, am Laptop arbeitest oder mit dem Smartphone beschäftigt bist. Dann lohnt es sich, zu prüfen, ob du diese Tätigkeiten nicht besser durch schlafförderndes und achtsames Handeln ersetzt.

EIN PAAR SEITEN EINES GUTEN BUCHES LESEN

Jetzt bietet es sich auch an, ein paar Seiten zu lesen. So schaffst du es wie von selbst, nicht nur im Urlaub oder am Wochenende zu einem Buch zu greifen.

YOGA NIDRA

Solltest du Yoga Nidra nicht kennen, lade ich dich dazu ein, diese Erfahrung für dich auszuprobieren. Diese Technik findet vollständig in einer Liegeposition statt. Gerade am Abend kann Yoga Nidra unglaublich entspannen, dich auf einen guten Schlaf vorbereiten und bei Einschlafproblemen helfen.

Frage dich, was dir guttut und in welcher Reihenfolge du am Abend zur Ruhe kommen möchtest. Eine bewusste Abendroutine gibt dir wesentlich mehr Energie und bereitet dich auf eine geruhsame Nacht vor. Ebenso macht es einen großen Unterschied, ob du dich in einem Raum aufhältst, der stark beleuchtet ist oder ob du auch deine äußeren Bedingungen an die aufkommende Dunkelheit nach und nach anpasst.

Bitte achte auch einmal darauf, mit welchen Informationen du deinen Geist am Ende des Tages fütterst. (Natürlich ist dieser Punkt nicht nur am Ende des Tages wichtig.) Beschäftigst du dich mit den Nachrichten, die dir daraufhin nicht mehr aus dem Sinn gehen oder siehst du vielleicht einen spannenden und aufwühlenden Film.

Sei dir bitte bewusst, dass sich all diese Informationen einen Weg in dein Unterbewusstsein bahnen können. Vielleicht willst du zukünftig genauer hinsehen, was dir wirklich guttut, womit du dich tatsächlich beschäftigen und wovon du weniger konsumieren möchtest.

Weitere Bestandteile deiner Abendroutine können eine Meditation oder deine Dankbarkeitspraxis sein.

Energy-Talk für mehr Energie

Es gibt so viele kraftvolle Elemente, um die eigene Energie zu steigern. Sie zu kennen, ist eine Sache, sie anzuwenden, eine andere. Mithilfe des Energy-Talks kannst du dich ganz bewusst positiv, beispielsweise auf deinen Tag, ausrichten und deine Energie pushen.

Je nachdem, wie du magst, kannst du dich selbst mit einem eigenen Energy-Talk, den du auf deine Bedürfnisse ausgelegt formulierst, inspirieren oder du lässt dich mithilfe des Audios, welches ich dir im Online-Begleit-Kurs zu diesem Buch zur Verfügung stelle, mitreißen.

Ich nutze das Audio sehr gerne auf dem Weg zur Arbeit, spreche es begeistert mit und merke, wie sich allein in diesen etwa vier Minuten meine Stimmung hebt. Tatsächlich wiederhole ich ihn an manchen Tagen mehrmals nacheinander. Nicht jeder Tag ist gleich und manchmal geht es schneller, manchmal langsamer.

Am meisten bewirkt der Energy-Talk, wenn du die Worte

nicht nur auf dich wirken lässt, sondern im Idealfall mitsprichst. Wobei es auch hier Unterschiede gibt. Achte dabei auf deine Begeisterungsfähigkeit gegenüber dir selbst, darauf, welche Gefühle du währenddessen in dir erzeugst und wie sich dein Energielevel aufbauen darf.

Ich teile sehr gerne meinen Energy-Talk mit dir und freue mich, wenn er dir genauso viel gibt, wie mir:

> Heute ist ein richtig guter Tag!
>
> Ich kann die kraftvolle Energie, die dieser Tag für mich bereithält, in jeder Zelle meines Körpers spüren.
>
> Und ich fühle mich bereit, mich mit dieser kraftvollen Energie zu verbinden, denn heute ist MEIN Tag!
>
> Ein neuer Tag – voller Vertrauen und Liebe – voller Gelassenheit und Lebensfreude.
>
> Ich weiß, dass ich in jedem Moment selbst entscheiden kann, welche Gefühle ich zulassen möchte.
>
> Ich weiß, dass ich in jedem Augenblick für mich und meine Entscheidungen die volle Verantwortung übernehme.
>
> Ich entscheide, wer ich sein möchte!
>
> Ich entscheide, wer ich bin!
>
> Ich setze JETZT eine klare Botschaft für meinen Tag!
> Für meinen lebensfrohen, energiegeladenen Tag!

Denn ganz egal, welcher Sturm heute – im Außen – auf mich wartet, ich weiß, dass jeder Sturm auch wieder vorbeigeht, und ich entscheide mich dafür, nur der Beobachter des Sturms zu sein.

Denn heute ist und bleibt: MEIN Tag!

Ich freue mich auf ALLES, was dieser Tag für mich bereithält!

Ich freue mich darauf, alle Wunder zu sehen, und ich bin bereit, die Wunder in meinem Leben zu empfangen!

Denn heute ist ein RICHTIG GUTER Tag!

Ich fühle mich frei, in meinem Denken!

Ich fühle mich sicher in meinem Handeln!

Und ich erlaube mir, die Freude über mein Leben zu teilen und zu zeigen!

Ich erlaube mir, glücklich sein zu dürfen! Denn ich bin es wert! ICH BIN GUT GENUG!

Denn heute ist ein richtig guter Tag und ich freue mich darauf, den neuen Tag JETZT in mein Leben einzuladen!

Spüre die Energie, erzeuge sie in dir, richte dich positiv auf deinen neuen Tag aus und dann lass dich überraschen, welche Erfahrungen auf dich warten dürfen!

Atemtechnik

Geht es dir auch so, dass du selbst staunen musst, welches Wunder dein eigener Körper ist?

Ich erinnere mich gerne daran, wenn auch viel zu selten. Es ist für mich unglaublich, wie viele Vorgänge automatisch gesteuert werden.

Dazu zählt in jedem Fall auch unsere Atmung, die zum Großteil unbewusst stattfindet.

Umso wertvoller ist für mich die Erkenntnis, dass ich, indem ich meine Atmung ganz bewusst in stressigen Situationen verändere, mein Gefühl für den Moment verändern kann. Von „gestresst“, über „weniger gestresst“, bis hin zu „ausgeglichen“.

Das Geheimnis liegt darin, im gestressten Moment das Bewusstsein dafür zu haben und den Veränderungsprozess einzuleiten. Denn oft ist es so, dass wir ausgerechnet dann, wenn wir eine Pause bräuchten, uns diese nicht gönnen, weil wir dazu keine Zeit haben. Vielleicht kommt dir das bekannt vor?

Diese Pause bringt aber so viel mehr, dass ich mir immer wieder ins Gedächtnis rufe, wie wichtig sie ist. Denn wenn ich mir diese Pause gönne, obwohl ich dafür eigentlich keine Zeit habe, bin ich danach wesentlich konzentrierter und motivierter als ohne.

Es gibt unterschiedliche Atemtechniken und Atemübungen. In stressigen Situationen habe ich mir die 4-7-11 Technik angewöhnt.

Ich teile diese sehr gerne mit dir. Wenn du möchtest, dann kannst du sie direkt für dich ausprobieren und dich in stressigen Situationen daran erinnern.

Setze dich dazu aufrecht hin. Ziehe die Schultern einmal hoch zu den Ohren und rolle sie dann nach hinten. Atme ganz entspannt ein und aus. Wenn du möchtest, kannst du gerne deine Augen schließen oder einen Punkt fixieren.

Atme dann ganz ruhig und tief in den Bauch auf vier Einheiten ein. Und daraufhin genauso ruhig auf sieben Einheiten aus.

Wiederhole diese Einheiten ganz bewusst und im gleichmäßigen Tempo für idealerweise mindestens elf Minuten. Vielleicht kommt dir das lange vor, die Methode kann auch als Ersatz für ein Powernap angewandt werden und ist im Vergleich dazu wesentlich kürzer.

Wenn du dich dabei genau beobachtest, stellst du fest, dass es sowohl beim Wechsel von der Einatmung zur Ausatmung als auch umgekehrt einen kurzen magischen Moment der Pause gibt.

Wenn es dir nicht immer gelingt, auf sieben Einheiten auszuatmen, dann ist das kein Problem. Ärgere dich deswegen nicht, sondern versuche einfach, beim nächsten Zyklus die sieben Einheiten einzuhalten.

Es gehört auch ein bisschen Übung dazu. Du wirst sehen, dass es dir immer einfacher fallen wird.

Dankbarkeitspraxis

Dankbar zu sein, für das, was ich habe, ist für mich zur täglichen und mittlerweile auch automatischen Gewohnheit geworden. Dazu baue ich diese sowohl in meine Morgenroutine als auch in meine Abendroutine ein und erinnere mich auch während des Tages regelmäßig daran.

Probiere es gerne direkt selbst:

Denke an jemanden oder etwas, wofür du dankbar bist. Vielleicht musst du anfangs überlegen, weil dir die Fülle, die du in deinem Leben haben darfst, wie selbstverständlich vorkommt. Aber ist es wirklich selbstverständlich, in einem warmen Bett schlafen, seine eigene Meinung haben oder allein die Tatsache am nächsten Morgen die Augen öffnen zu dürfen?

Fühle die Dankbarkeit in deinem Herzen. Vielleicht überrascht dich dieses warme und angenehme Gefühl. Stelle dir vor, du hast einen Regler, wie an einem Radio, und dann drehe diesen Regler gedanklich auf und verstärke dadurch das Gefühl. Denke an jemanden, den du liebst und für den du dankbar bist. Spüre, wie sich dieses warme angenehme Gefühl in deinem ganzen Körper ausbreitet. Es ist in dir. Du hast selbst die Kraft, es für dich zu erzeugen. Wann immer du möchtest. Lächle und genieße diese Energie, die dir so viel geben kann. Und wenn es sich für dich gut anfühlt, atme noch einmal tief ein und aus und nimm dieses Gefühl mit in deinen Tag.

Ich bin immer wieder begeistert darüber, was ich selbst für mich tun kann.

Früher war ich immer der Meinung, dass erst etwas Positives im Außen passieren muss, damit ich mich glücklich oder zufrieden fühlen darf. Heute weiß ich, dass ich diese Gefühle selbst erzeugen kann, ganz egal wann.

Und die wichtigste Erkenntnis für mich ist, dass ich mich nicht negativ fühlen muss, nur weil im Außen (beispielsweise aufgrund negativer Nachrichten) etwas auf mich einprasselt. Ich kann selbst über meine Gedanken und Gefühle entscheiden. Und du kannst das auch!

Du entscheidest, wem du die Macht gibst, deine Gedanken und Gefühle zu beeinflussen. Wenn dich im Laufe des Tages jemand ärgert, weil er oder sie etwas (deiner Meinung nach) Falsches gesagt hat und dir die Situation nicht mehr aus dem Kopf geht und schlechte Gefühle in dir verursacht, dann hast du dieser Person die Erlaubnis gegeben, deine Gedanken und Gefühle zu verändern. [1]

---

[1] Mir ist Folgendes wichtig, zu erwähnen: Hier geht es um Alltagssituationen. Jemand sagt etwas Falsches oder verhält sich deiner Meinung nach nicht richtig, etwas eigentlich Lapidares, was täglich vorkommen und uns trotzdem den Tag über oder noch länger beschäftigen kann. Es geht nicht um Verbrechen, Mobbing, o. Ä.!

Deshalb ist es so wichtig, dir dessen bewusst zu sein bzw. bewusst zu werden, um dir selbst die Möglichkeit zu geben, selbstbestimmt zu denken und zu fühlen.

Achte doch einmal gezielt darauf, womit sich deine Gedanken den ganzen Tag über beschäftigen. Und dann frage dich: Tun dir deine Gedanken wirklich gut? Wenn die Antwort ein Nein ist, spricht nichts dagegen, diese zu verändern.

Denn wenn du etwas denken kannst, was dir nicht guttut, dann kannst du doch auch etwas denken, was dir guttut, oder nicht?

Du bist die Chefin deiner Gedanken!

KURZ UND KNACKIG

- Wähle für dich die Gewohnheit, die dich deinem Ziel (gelassener, glücklicher, stressfreier, o. Ä.) näherbringt.

- Es gibt unglaublich viele Möglichkeiten, für mehr Gelassenheit, Lebensfreude, innere Stärke und / oder Zufriedenheit im Alltag.

- Nutze die Methode, die dir den größten Mehrwert bietet und sich gleichzeitig relativ leicht in deinen Alltag als neue Gewohnheit integrieren lässt.

- Deine Gedanken und Gefühle lassen sich mit Übung ganz bewusst von dir lenken und positiv beeinflussen.

Mit Übung Bewusstsein schaffen!

Ich habe festgestellt, dass für mich der Schlüssel zu weniger Stress darin liegt, mir bewusst zu sein. Meine Gedanken, die nie zur Ruhe kommen wollten, ganz bewusst zu stoppen und innezuhalten. Im aktuellen Moment. Im Hier und Jetzt.

Also Bewusstsein zu schaffen. Und dies auch während des Tages. Wenn es dir so geht wie mir, dann ist das gerade am Anfang, eine recht große Herausforderung.

Es bedarf Übung. Immer und immer wieder. Denn es dauert seine Zeit, bis dieses Bewusstsein-Schaffen zur Gewohnheit werden darf.

Je nachdem, wie konsequent wir dranbleiben und üben, geht es bei einer Person schneller und bei anderen Personen dauert es länger.

Wenn du üben möchtest, im Alltagsgeschehen aber von selbst nicht immer daran denkst, dann kannst du dir beispielsweise alle 2 Stunden einen Timer im Smartphone setzen. So wirst du regelmäßig an dein Vorhaben erinnert.

Folgende Übung kann dich dabei unterstützen:
Setze dich für einen Moment aufrecht hin. Schließe deine Augen. Atme tief ein und tief aus. Konzentriere dich auf deinen Atem. Vielleicht kannst du den Luftzug an

deiner Nasenspitze wahrnehmen. Lass deine Augen geschlossen und sobald du merkst, dass ein Gedanke aufkommt, dann nimm ihn wahr und lass ihn weiterziehen. Bewerte den Gedanken nicht und gehe auch nicht auf ihn ein. Lass ihn einfach gehen.

Du kannst so lange so sitzen bleiben, wie es sich für dich gut anfühlt und dann wieder deinen Aufgaben nachgehen.

Bewusstsein im Alltag kannst du noch bei so vielen anderen Gelegenheiten üben. Beispielsweise während du wartest. Egal in welcher Situation du wartest, beispielsweise beim Einkaufen an der Kasse oder wenn du in der U-Bahn fährst, kannst du in diesen Situationen Bewusstsein schaffen. Nichts denken, heißt dann die Devise, und wenn du denkst, die Gedanken vorbeiziehen lassen.

Wichtig ist, dass du es dir vornimmst und immer wieder übst.

Wenn du dich 20, 30, 40, 50 oder vielleicht noch weitere Jahre immer gleich verhalten hast, dann kannst du nicht erwarten, dass du ein paar Mal etwas anderes tust und plötzlich geht es wie von selbst.

Hier ist einfach Geduld gefragt. Wenn du dir wiederholt in Erinnerung rufst, warum es dir wichtig ist, mehr Bewusstsein zu schaffen, dann macht es für dich auch Sinn, dranzubleiben.

Nachdem dieses WARUM so unglaublich wichtig ist, stelle ich dir genau diese Frage:

WARUM möchtest du mehr Bewusstsein schaffen? Denke gerne auch länger darüber nach und dann beantworte dir diese Frage!

Ich möchte mehr Bewusstsein schaffen, weil:

____

____

____

____

Wie fühlt es sich für dich an, bewusst NICHTS zu denken? Vielleicht wirst du anfangs unruhig, weil es für dich ungewohnt ist. Dein Geist kennt diese Situation nicht und versucht, sich dagegen zu wehren.

Versuche, dich in das Gefühl des NICHTS-Denkens hinein zu entspannen. Dir passiert nichts. Dir geht es gut. Loslassen ist die Devise.

Genauso wichtig, wie das NICHTS-Denken empfinde ich es, meine Gedanken zu beobachten. Denn auch das schafft Bewusstsein.

Übung: Schalte deine Gedanken aus

Wenn es dir schwerfällt, wirklich an NICHTS zu denken, dann kannst du gerne Folgendes ausprobieren: Sobald du merkst, dass dein innerer Monolog erneut beginnt, weil du dir Gedanken darüber machst, was heute noch ansteht, oder es dich ärgert, dass du im letzten Gespräch nicht schlagfertig genug warst und dir jetzt sämtliche Möglichkeiten einfallen, wie du hättest am besten antworten können, dann nimm diese Gedanken zunächst wahr. Und stelle dir daraufhin vor, du hast einen unsichtbaren Regler. Wie bei einem Radio. Und dann drehe die Lautstärke deiner Gedanken leiser und leiser, bis sie verschwinden.

Du kannst auch in ein anderes Zimmer gehen und dir vorstellen, wie du deine Gedanken dort abstellst. Dann gehst du an den ursprünglichen Ort zurück und hast deine Gedanken aber im anderen Zimmer gelassen.

Ich weiß, wie verrückt sich das vielleicht für dich anhören muss, probiere es aber doch bitte aus. Und wenn du dir den Lautstärkeregler dann eben öfter als nur einmal vorstellen musst. Je öfter du es übst, umso schneller gelingt es dir zukünftig, deine Gedanken ruhig zu stellen.

DIE QUALITÄT DEINER GEDANKEN

Was denkst du den ganzen Tag? Sind deine Gedanken positiv oder negativ? Beeinflussen dich deine Gedanken positiv oder negativ?

Gedanken wie „Das schaffe ich sowieso nicht“, „War ja klar, dass das passiert“, etc. sind hinderlich, schränken dich ein und verursachen schlechte Gefühle.

Dagegen sind Gedanken wie „Ich löse alle Herausforderungen mit Leichtigkeit“, „Wenn es so nicht funktioniert, finde ich eben einen anderen Weg", etc. förderlich, unterstützen dich und verursachen gute Gefühle.

Du kannst beide Situationen, „Bewusst-Denken“ und „Nichts-Denken“, in deinem Alltag kombiniert üben. Du stellst dir also deine Erinnerungen in deinem Smartphone und bevor du mit der Übung NICHTS-DENKEN anfängst, kannst du noch einmal kurz in Gedanken durchgehen, was du seit der letzten Erinnerung gedacht hast. Und ob es sich dabei um positive oder negative Gedanken gehandelt hat. Du kannst deine Erkenntnis auch kurz notieren, um für dich einen Überblick zu behalten.

Daraufhin beginnst du mit der oben beschriebenen Übung NICHTS-Denken.

Die Erinnerung mit dem Smartphone ist nur so lange nötig, bis du feststellst, dass du während des Tages auch ohne Erinnerung, Bewusstsein übst. Dann hast du deinen Automatismus in Gang gesetzt, und plötzlich funktioniert dies wie von selbst.

Wenn du eine Zeit lang Bewusstsein in deinem Alltag geübt hast und merkst, wie es dir immer leichter und leichter fällt, kannst du in den nächsten Schritt gehen, indem du deine Gedankenqualität näher betrachtest. Wenn du dir Notizen gemacht hast, gelingt dir das wesentlich einfacher. Welche negativen Gedanken hast du gehabt, und welche Gedanken wären für dich besser gewesen? Womit könntest du die negativen Gedanken also ersetzen?

Da du jetzt bereits geübt bist, kannst du dir vornehmen, negative Gedanken im besten Fall sofort in dem Moment, in dem sie aufkommen, zu bemerken und im Idealfall zu verändern.

Auch das ist eine reine Übungssache. Wenn es dir einmal nicht gelungen ist, dann eben beim nächsten Mal. Lobe dich dafür, anstatt unzufrieden und ungeduldig zu werden.

Du kannst stolz auf dich sein, weil du dich überhaupt damit auseinandersetzt. Nur wenige Menschen sind sich überhaupt im Klaren darüber, dass sie ihre Gedanken bewusst wahrnehmen, beobachten und steuern können.

Bewusstsein schaffen

Wenn dich Themen wie die Gedankenwaage, die Lebensinventur, jeden Tag Glücksmomente oder weitere Tools und Techniken für mehr Leichtigkeit im Alltag stärker interessieren, dann schmökere gerne in meinem Buch „SELFMADE GLÜCKSIONÄRIN – Glück selbstgemacht – mit Achtsamkeit und positivem Denken zu mehr Gelassenheit im stressigen Alltag“.

Dort erhältst du einen umfassenden Überblick über die verschiedenen Möglichkeiten, die dich unterstützen und die dir guttun können.

Hier und heute geht es darum, dass du das, was dir guttut, auch wirklich in deinen Alltag integrierst.

Denn Hand aufs Herz: Wie oft hast du dir schon vorgenommen, dich besser ernähren, mehr Sport machen, früher aufstehen oder beispielsweise mehr Bücher lesen zu wollen. Und wie oft hast du damit angefangen, hast es ein paar Tage lang durchgezogen und plötzlich kam dein Alltag dazwischen und dein guter Vorsatz ist immer mehr in Vergessenheit geraten?

Vielleicht hast du auch an der Planungs- und Reflexionspraxis oder der Dankbarkeitspraxis Gefallen gefunden und würdest diese gerne in deinen Alltag integrieren. Und obwohl du genau weißt, dass dir das guttun wird, setzt du es vielleicht nur ein paar Mal um, bis du wieder in alte Gewohnheitsmuster zurückkehrst.

Genau das wollen wir nicht mehr. Denn wenn du resilienter werden und mehr Gelassenheit und Lebensfreude in deinem Leben spüren möchtest, dann ist es ideal, wenn sich deine Gewohnheiten genau darauf ausrichten.

Denn das, was du jeden Tag tust, bestimmt dein Leben und im Endeffekt auch deine Lebensqualität.

KURZ UND KNACKIG

- Mit Übung lässt sich das eigene Gedankenkarussell gezielt stoppen.
- Wenn du dich Jahre und Jahrzehnte lang von deinen Gedanken abhängig gemacht hast, kannst du nicht erwarten, diesen Zustand in kürzester Zeit zu verändern.
- Habe Geduld mit dir und übe dich darin, dein Denken zu beobachten, dann wird es dir immer besser gelingen.
- Du kannst dich darin üben, NICHTS zu denken.
- Du kannst dich darin üben, deine Gedanken zu beobachten, zu beurteilen, ob sie dir guttun und im Fall, dass sie dir nicht guttun, diese zu verändern.
- Indem du dir beispielsweise im Smartphone Impulse schickst, kannst du dich während des Tages gezielt an dein Vorhaben erinnern.

Lass uns deine Gewohnheiten transformieren!

Wie sehen deine Gewohnheiten aktuell aus?

Bevor wir damit anfangen können, deine Gewohnheiten zu verändern, zu transformieren, ist es erst einmal wichtig, zu wissen, welche Gewohnheiten du aktuell hast.

Aus diesem Grund darfst du heute und in den nächsten Tagen ganz genau hinsehen. Was machst du denn eigentlich jeden Tag bewusst und unbewusst?

Konzentriere dich bitte zunächst auf deinen Vormittag. Im Idealfall notierst du dir nicht nur das, was du tust, sondern auch die ungefähren Uhrzeiten. Da in der Regel das Wochenende etwas anders abläuft, unterscheide bitte zwischen Wochenenden und Wochentagen.

Notiere hier deine Gewohnheiten <u>vormittags</u> bis etwa 12 Uhr an <u>Wochentagen:</u>
Beispiel: (6 Uhr aufstehen, Bad, 6:15 Frühstück, ...)

____

____

____

____

Notiere hier deine Gewohnheiten vormittags bis etwa 12 Uhr an Wochenenden:

Du kannst die Liste jederzeit ergänzen, wenn dir wieder etwas ein- oder auffällt.

Nachdem du dich auf deinen Vormittag konzentriert hast, beschäftige dich nun bitte mit deinem Nachmittag.

Wie sieht dein Nachmittag an Wochentagen aus?
Was machst du nachmittags an Wochenenden?

Solltest du in Schichten arbeiten, kannst du es auch so handhaben, dass du weitere Unterscheidungen, beispielsweise zwischen Frühschicht und Spätschicht, machst.

Notiere hier deine Gewohnheiten nachmittags ab etwa

12 Uhr an Wochentagen:
Beispiel: (12 Uhr Mittagsessen, ... zu Bett gehen)

____

____

____

____

____

____

Notiere hier deine Gewohnheiten nachmittags ab etwa 12 Uhr an Wochenenden:

____

____

____

____

____

____

Auch in diesem Fall steht es dir jederzeit frei, deine Eintragungen zu ergänzen. Nutze gerne auch einen zusätzlichen Notizzettel, wenn dir der Platz nicht ausreicht.

Je detaillierter du bist, je genauer du hinsiehst, umso mehr Möglichkeiten hast du, wertvolle Erkenntnisse für dich zu gewinnen.

Sei ehrlich:

Hast du wirklich **keine Zeit**

oder

hast du nur **schlechte Gewohnheiten?**

Diese Verschriftlichung hat unterschiedliche Vorteile:

- Du wirst dir bewusst darüber, welche Gewohnheiten dich täglich begleiten.
- Dir fallen deine Zeitfresser auf.
- Du kannst dich für oder gegen dein tägliches Tun entscheiden.
- Du hast die wesentliche Basis für deine Veränderung geschaffen, denn meistens denken wir, uns würde die Zeit fehlen. Aber ist das wirklich so oder füllen wir diese nur mit schlechten Gewohnheiten?

WOMIT BESCHÄFTIGST DU DICH HAUPTSÄCHLICH?

Setze nun deinen Fokus auf deine Zeitfresser, die du kurzfristig verändern kannst (dass du z. B. 8 h täglich arbeitest, kannst du kurzfristig nicht verändern), und bewerte diese. Womit verbringst du am meisten Zeit? Bist du damit zufrieden oder nicht?

z. B. 1 h Sport super

2 h Smartphone zu viel

Deine Zeitfresser an Wochentagen:

____

____

____

____

Deine Zeitfresser an Wochenenden:

____

____

____

____

Markiere dir nun die beiden TOP Zeitfresser, die du verändern kannst und verändern möchtest, sowohl an Wochentagen als auch an Wochenenden und notiere sie kurz hier:

Dafür möchte ich an Wochentagen zukünftig so viel weniger Zeit in Anspruch nehmen:
(z. B. Fernsehen 1,5 h weniger; Dinge sofort erledigen und nicht aufschieben 0,5 h weniger)

Dafür möchte ich an Wochenenden zukünftig so viel weniger Zeit in Anspruch nehmen:
(z. B. Smartphone bewusst 1h weniger; unbewusst herumsitzen 0,5 h weniger)

Bitte mache dir wirklich Notizen dazu. Es macht einen immensen Unterschied, ob du dir diese Punkte nur denkst und der Meinung bist, das würde ausreichen, oder ob du sie tatsächlich aufschreibst. Einerseits kann der Gedanke sehr schnell wieder vergessen werden und andererseits setzt du mit dem geschriebenen Wort auch deine wirkliche Bereitschaft der Veränderung in Kraft.

Vielleicht sind dir beim Aufschreiben Gewohnheiten aufgefallen, die du gerne verändern möchtest, weil sie dir eigentlich nicht guttun, die aber gar nicht so viel Zeit in Anspruch nehmen. Dann kannst du selbstverständlich auch diese für dich transformieren. Wir konzentrieren uns hier zunächst einmal nur auf deine Zeitfresser, um dir Zeit für deine neue Gewohnheit, für die du bisher eben vermeintlich „keine Zeit“ hattest, einzuräumen.

Die positive Botschaft ist: Du hast mithilfe deiner Aufzeichnungen gesehen, dass du Zeit hast! Und du kannst selbst bestimmen, wie du sie nutzt.

Wie du siehst, hast du eine hervorragende Basis, um dir neue Gewohnheiten in deinem Alltag zu ermöglichen, die dir Kraft schenken, dich gelassener machen, dir innere Stärke geben und dich schwierige Lebenssituationen nachhaltig meistern lassen.

WAS MÖCHTEST DU WIE VERÄNDERN?

Lass uns zunächst mit einer neuen Gewohnheit in deinem Alltag beginnen. Denn wenn du zu viele Dinge auf einmal umstellst, dann ist die Wahrscheinlichkeit sehr hoch, dass zum Schluss alles wieder beim Alten bleibt und sich gar nichts verändert.

Im nächsten Schritt darfst du für dich nun festlegen, welche neue Gewohnheit du für dich aufbauen, und wann du diese in deinen Tag integrieren möchtest.

Formuliere deine neue Gewohnheit bitte so genau wie möglich und notiere dir auch deinen Grund, warum du das machen möchtest. Als Beispiel: Ab morgen werde ich mir jeden Vormittag die Zeit nehmen und für fünf bis zehn Minuten die Dankbarkeitspraxis in meinen Alltag integrieren. Ich richte damit meine Gefühle positiv aus und setze eine gute Basis für meinen bevorstehenden Tag.

Ich freue mich auf meine folgende neue Gewohnheit:

____

____

____

____

____

____

Im Grunde genommen, hast du dir nun die Basis geschaffen, deine neue Gewohnheit in deinen Alltag zu integrieren. Du brauchst eigentlich nur noch morgen damit anzufangen.

Wenn das so einfach wäre, hätten wir alle wahrscheinlich problemlos den Alltag, den wir uns wünschen, und Vorsätze im neuen Jahr würden ihre Bedeutung oder sogar „Bedrohlichkeit“ verlieren, denn Veränderung wäre mit einem Fingerschnipp umsetzbar.

Wie du vermutlich aus eigener Erfahrung gelernt hast, ist es eben leider nicht ganz so einfach, aber es ist auch nicht unmöglich, wenn du weißt, wie du deinen inneren Schweinehund austricksen kannst. Und genau deshalb hältst du auch dieses Buch in deinen Händen.

KURZ UND KNACKIG

- Vor der Veränderung steht eine Ist-Analyse deiner Gewohnheiten.

- Indem du dir die Möglichkeit einräumst, dir deine aktuellen Gewohnheiten vor Augen zu führen, können dir negative Aspekte auffallen, denen du dir so vielleicht gar nicht bewusst warst.

- Durch die Verschriftlichung deckst du Zeitfresser auf und schaffst dir Freiräume für Neues.

- Auch wenn es im ersten Moment ein wenig wehtun kann, dich mit der Wahrheit auseinanderzusetzen, eröffnest du dir dadurch ein ungeheures Potenzial.

- Veränderung darf positiv sein!

So gelingt es dir, deinen inneren Schweinehund zu überlisten

WANN SPRICHT DEIN INNERER SCHWEINEHUND ZU DIR?

Stimme dich zunächst einmal auf ihn ein und mache dich mit ihm vertraut. Du kennst bestimmt seine Argumente, wie „Es reicht doch, wenn du morgen damit anfängst!“, „Der Sport läuft dir doch nicht davon, es reicht, wenn du später damit anfängst!“, „Ganz ehrlich, sooo wichtig, ist das jetzt auch nicht!“, „Warum kann ich es nicht einfach so machen, wie immer?“.

Die kleine Stimme in deinem Kopf, die gerne als innerer Schweinehund bezeichnet wird, kennt viele Ausreden. Achte doch einfach einmal darauf, wann sie dich von deinem Vorhaben abbringen will und wie leicht du es ihr machst. Denn wie oft stimmst du gedanklich zu und gibst ihr nach?

Du kannst deine Erkenntnisse gerne notieren und die Argumente sammeln. Es kann total spannend sein, sich dessen bewusst zu werden.

BEKRÄFTIGE DEIN WARUM MIT LOGIK

Dir ist bereits klar, was du verändern und warum du es verändern möchtest. Angenommen, du möchtest täglich eine halbe Stunde weniger Zeit am Smartphone verbringen, dann mache dir bewusst, wie viel Lebenszeit du „verschwendest“, wenn du so weitermachst wie bisher. Vielleicht denkst du dir: „Was ist denn schon eine halbe Stunde am Tag?“, dann lasse dich überraschen:

Wenn du dich 30 Minuten am Tag weniger mit deinem Smartphone beschäftigst, dann sind das 3,5 Stunden in der Woche und sage und schreibe 182,5 Stunden, also mehr als 11 volle Tage (bei acht Stunden Schlaf je Nacht) in einem Jahr!

Für mich eine absolut hohe und beinahe unfassbare Größe! Was löst diese Zahl in dir aus?

Angenommen, du würdest dir endlich wieder die Zeit gönnen und deine Bücher konsequent in dieser Zeit lesen. Bei 20 Seiten pro Tag liest du 140 Seiten in der Woche, also 7.300 Seiten im Jahr. Wenn du annimmst, dass ein Buch durchschnittlich 250 Seiten hat, dann liest du mehr als 29 Bücher im Jahr!

Es handelt sich dabei um Beispiele, die mit jedem x-beliebigen Vorhaben ausgetauscht werden können. Egal ob du täglich Vokabeln einer anderen Sprache lernen, dir zehn Minuten Dankbarkeitspraxis schenken oder fünfzehn Minuten „Hula-Hoop“ machen möchtest.

Mache dir bewusst, dass das Argument „Es reicht, wenn

du morgen damit anfängst!“ mehr als nur eine Ausrede ist. Denn sie führt dazu, dass du deine wertvolle Lebenszeit verschwendest. Sie wird nicht mehr zurückkommen und du hast es dir einfach verdient, dir mehr Lebensqualität zu schenken!

Dem inneren Schweinehund nachzugeben, ist einfach. Er mag keine Veränderungen, möchte, dass alles so bleibt, wie es ist. Denn wenn alles so bleibt, wie du es kennst, dann schonst du deine Ressourcen. Und das ist genau das, was er möchte. Er möchte ziemlich gechillt und im Idealfall vorhersehbar durchs Leben kommen. Nur keine unnötige Anstrengung.

Allerdings kann das, seien wir mal ehrlich, ziemlich langweilig werden. Problematisch kann sich dies auch dann zeigen, wenn du dich immer wieder in einem Zwiespalt befindest. Denn wenn du eigentlich etwas tun möchtest, was sich für dich gut anfühlen darf, weil du Stress, Ängste und schwierige Lebenssituationen in deinem Leben nachhaltiger meistern möchtest, du es aber nicht schaffst, deinen inneren Schweinehund davon zu überzeugen, dann fühlst du dich innerlich immer mehr zerrissen. Dann ärgerst du dich über dich, weil du vielleicht morgens wieder hektisch in den Tag gestartet bist, obwohl du dir deine Morgenroutine anders vorgestellt hast. Du bekommst das Gefühl, dir selbst nicht vertrauen zu können, weil du die Versprechen, die du dir selbst gegeben hast, nicht dauerhaft einhältst.

Dein WARUM mit Logik zu bestärken, hilft dann zwar in gewisser Weise, allerdings brauchst du noch weitere Methoden, um deine neue Gewohnheit dauerhaft zu etablieren. Eine Veränderung bedeutet den Schritt in etwas Unvorhergesehenes, solange, bis der Automatismus greift und sich auch dein innerer Schweinehund daran gewöhnt hat.

TRANSFORMATION - ABER VON INNEN NACH AUSSEN

Hast du dich schon einmal gefragt, warum die meisten Vorsätze, egal ob zum Jahreswechsel als Neujahrsvorsätze oder während des Jahres, immer nur kurz andauern und sich nicht dauerhaft umsetzen lassen?

Weil in den meisten Fällen nur das neue Vorhaben im Fokus steht, aber sonst alle anderen Rahmenbedingungen gleichbleiben sollen.

Wenn ich meine Workshop-Teilnehmerinnen danach frage, warum sie meinen, dass sie bisher nur selten Erfolg bei der Einführung neuer Gewohnheiten hatten, antworten viele, weil sie plötzlich wieder mit ihrem Alltag konfrontiert wurden und das neue Vorhaben dann schnell wieder in Vergessenheit geraten ist.

Tatsächlich steckt noch viel mehr dahinter! Denn die Wahrheit ist, dass sie der Mensch, der sie ursprünglich waren, geblieben sind und nur das neue Tun im Alltag integrieren wollten. Aber genau das ist das Problem!

Veränderung und vollumfängliche Transformation funktioniert nicht, indem du nur dein TUN anpasst. Denn das, was du plötzlich tust, fühlt sich für dein bisheriges ICH einfach nicht richtig an. Es gehört nicht zu deiner Identität, die du dir bisher aufgebaut hast.

So geht Veränderung NICHT!

von außen nach innen!

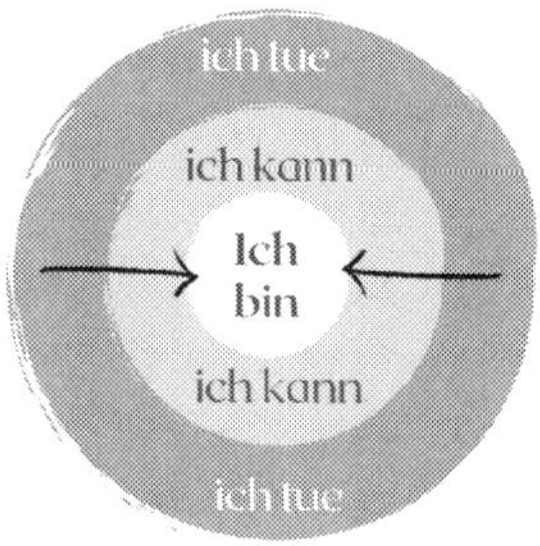

Vielleicht schaffst du es sogar, länger als nur ein paar Tage durchzuhalten, aber früher oder später wirst du damit konfrontiert, dass du das, was du tust, nicht bist.

Vielleicht kennst du eine Freundin oder hast es schon einmal selbst erlebt, dass du unbedingt abnehmen wolltest und es auch geschafft hast. Weil du länger als nur ein paar Tage durchhalten und deinen inneren Schweinehund überlisten konntest.

Aber was passiert dann meistens?

Entweder du erfährst den berühmten Jo-Jo-Effekt und deine Anstrengungen waren umsonst. Oder du schaffst es sogar, dein Gewicht zu halten. Dein Körper hat sich also transformiert, aber dein DU (dein SELBST, dein ICH) hast du bei dieser Transformation nicht mitgenommen. Das heißt, du fühlst dich noch genauso wie damals, und auch wenn du das gewünschte Ergebnis auf der Waage siehst, hast du den Eindruck, noch nicht angekommen zu sein.

Veränderung, und das gilt eben auch für unsere Gewohnheiten, funktioniert nachhaltig immer von INNEN nach AUSSEN.

„Denn du musst es erst SEIN, bevor du es wirst." [2]

Was genau meine ich damit? Angenommen, du möchtest mehr Sport machen und nimmst dir vor, zweimal in der Woche ins Fitnessstudio zu gehen. Wenn du dieses Vorhaben aus dem Glauben heraus machst, dass du eigentlich unsportlich bist, dich jetzt nur bewegen willst, weil es dir dein Arzt geraten hat, und es für dich schon eine Überwindung war, dich im Fitnessstudio anzumelden, dann versuchst du dir, als unsportliches ICH, einzureden, Sport machen zu müssen, und das kostet dich jedes Mal aufs Neue so viel Anstrengung, dass du früher oder später aufgibst.

Das Geheimnis, deine Gewohnheiten nachhaltig verändern zu können, liegt darin, dich und die Person, von der du bisher glaubtest zu sein, zu verändern.

---

[2] Zitat eines geschätzten Kollegen, welches so viel mehr Wahrheit beinhaltet, als ich damals, als wir miteinander sprachen, greifen konnte.

Wenn es für dich mittlerweile normal geworden ist, gestresst und den ganzen Tag unter Strom zu sein, dann wird es dir schwerfallen, dich als diese gestresste Person hinzusetzen und zu meditieren. Deine Gedanken werden immer wieder abschweifen, du wirst dich innerlich fragen, wie lange du noch stillsitzen musst, wann du endlich etwas essen kannst, und irgendwann wirst du von der Meditation aufstehen und bist der Meinung, dass diese Methode für dich sowieso nicht geeignet ist. Und eigentlich hast du das auch schon vorher gewusst, aber du wolltest es eben einmal ausprobieren.

Wenn dir das so oder so ähnlich bekannt vorkommt, dann hast du versucht, deine Veränderung von außen nach innen zu erzwingen, und das hat nicht funktioniert.

Vielleicht kennst du die berühmte Aussage von Henry Ford:

"Egal ob du glaubst, dass du etwas kannst, oder etwas nicht kannst. Du hast recht."

Du hast es also selbst in der Hand. Deine Einstellung zu deiner neuen Gewohnheit macht den Unterschied!

Gedanken wie: „Warum sieht das bei allen anderen immer so leicht aus und bei mir funktioniert es nicht?“, „Für mich ist das nichts!“, oder „Ich kann das einfach nicht“, hindern dich daran, das zu erreichen, was du erreichen möchtest.

So geht Veränderung:
von innen nach außen!

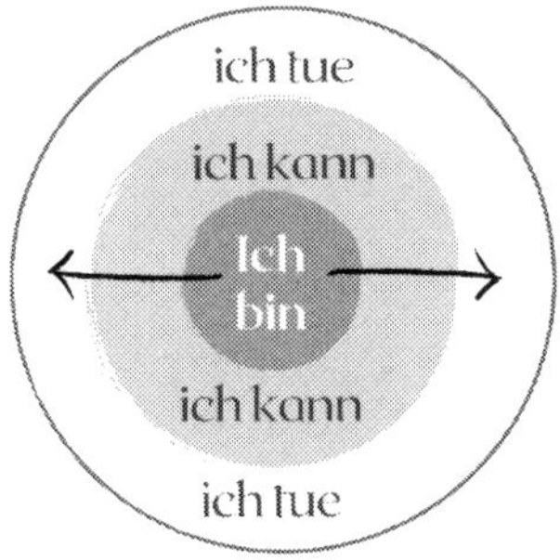

Wenn du dich aber mit der Person, die beispielsweise täglich mit einer kraftvollen Morgenroutine in den Tag startet, identifizierst, und es für dich wie selbstverständlich ist, dass du diese Person bist, wird es dir leichtfallen, genau das jeden Tag zu tun.

Leider wissen wir oft gar nicht, welche Person wir sein wollen. Vielleicht hast du dir auch schon oft gesagt: „Ich bin halt so. Das konnte ich noch nie. Schon in der Schule hatte ich Probleme damit", dann hast du dich damit abgefunden, genau diese Person zu sein, und du machst es dir selbst unglaublich schwer, dich zu verändern.

Es kommt darauf an, mit welcher Intention, mit welcher Absicht wir die Dinge tun.

Angenommen, du möchtest ein Instrument lernen, beispielsweise Klavier spielen. Dieses Vorhaben bedarf steti-ger Übung und Durchhaltevermögen. Wenn du dich an das Klavier setzt und deine Finger als die Person bewegst, die du warst, als du noch nicht Klavier spielen konntest, wird es dir schwerer fallen, als wenn du dich wie eine Klavierspielerin fühlst.

Indem du dich also nicht nur wie eine Person fühlst, die Klavier spielt, sondern weißt, dass du eine Klavierspielerin bist, wirst du schnellere und nachhaltigere Erfolge erzielen, und das motiviert dich wiederum dranzubleiben und nicht nach einem Monat wieder damit aufzuhören.

Um dir deine neue Identität zu bilden, kannst du beispielsweise Video-Clips von berühmten Klavierspielern ansehen und deren Haltung, deren Gefühl, deren Verhalten nachahmen. So kannst du dein „ICH BIN" gezielt trainieren und transformieren.

Das Beispiel mit dem Klavierspielen kann auf alle deine anderen Vorhaben adaptiert werden.

Vielleicht wirkt diese Technik etwas abstrakt, allerdings ist die Wirkung unglaublich kraftvoll. Probiere es selbst in 3 Schritten aus!

Schritt 1: Transformiere dein Vorhaben von ICH TUE etwas zu ICH BIN genau das.

Schritt 2: Beantworte für dich die Fragen:

- Wie fühlst du, wenn du diese Person bist?
- Was denkst du, wenn du diese Person bist?
- Wie handelst du, wenn du diese Person bist?
- Wie sprichst du, wenn du diese Person bist?

Schritt 3: Fange damit an, genau das zu fühlen, zu denken, und so zu handeln und zu sprechen.

Wenn du merkst, dass du in alte Muster zurückgefallen bist, dann erinnere dich daran und justiere nach.

Diese drei Schritte kannst du auf alles anwenden, was du möchtest!

Bist du die gestresste Person, die die beschriebenen Achtsamkeitsroutinen (z. B. Dankbarkeitspraxis, Naturbaden, etc.) tut, weil sie gelassener sein möchte, oder bist du die gelassene Person, zu deren Leben Achtsamkeitsroutinen ganz selbstverständlich gehören?

Diese zwei unterschiedlichen Perspektiven machen einen gewaltigen Unterschied. Sowohl bei der Durchsetzungsfähigkeit neuer Gewohnheiten als auch in Bezug auf unsere Resilienz.

Nimm dir einen Augenblick Zeit und beantworte für dich die folgenden Fragen:

Wer möchtest du als Person sein?

ICH BIN ____________________________________

Welche Gefühle hast du als diese Person?

____

Welche Gedanken hast du als diese Person?

Welche Gewohnheiten hast du als diese Person?

Welche Eigenschaften hast du als diese Person?

Wenn du dich mit Freunden und Bekannten unterhältst, dann achte darauf, ob du so sprichst wie die Person, die du sein möchtest, und falls nicht, frage dich, was du ändern kannst.

VORHANDENE GLAUBENSSÄTZE ENTSCHLÜSSELN UND AUFLÖSEN

Es kann sein, dass es dir gar nicht so leichtfällt, dein ICH BIN, deine Identität zu verändern. Wie soll auch etwas, das du dir über Jahrzehnte hinweg aufgebaut hast, von heute auf morgen anders sein?

Deshalb ist meine Botschaft an dich: Sei geduldig mit dir! Und vor allen Dingen feiere dich für die kleinen Erfolge, die du täglich hast! Es gehört dazu, auch mal wieder in alte Muster zurückzufallen. Der wesentliche Punkt ist, dass es dir auffällt, dass du zurückgefallen bist. Denn genau das ist ebenfalls ein Erfolg, der dich deinem Ziel einen Schritt näherbringt. Bevor du dich damit auseinandergesetzt hast, warst du auf der Stelle gestanden, ohne Veränderung. Wenn du jetzt zwei Schritte vor und einen Schritt zurückgehst, kommst du wesentlich weiter als bisher!

Eine weitere Hilfestellung bei der Transformation deiner Identität kann es sein, wenn du dich mit deinen Wahrheiten deiner bisherigen Identität auseinandersetzt.

Da es grundsätzlich nicht DIE eine Wahrheit gibt, sondern sich jeder Mensch seine eigene Wahrheit anhand seiner Erfahrungen, Erlebnisse und Prägungen erschafft, kannst du prüfen, welche Glaubenssätze du in der Vergangenheit über deine Identität aufgebaut hast.

Wenn du dich zunehmend gestresst fühlst und es dir schwerfällt, diesen Stress loszulassen, obwohl du es möchtest, kann es sein, dass du dir unbewusste Programme aufgebaut hast.

<u>Vielleicht hast du Glaubenssätze wie:</u>
- Stress gehört zum Erfolg dazu.
- Wenn ich keinen Stress habe, bin ich nicht erfolgreich.
- Andere sollen merken, wie gestresst ich bin, dann erkennen sie, wie wertvoll meine Arbeit ist.
- Wenn ich einen entspannten Eindruck mache, dann denken die anderen, ich chille den ganzen Tag und arbeite nichts.
- Arbeit ist anstrengend und verursacht Stress.
- ...

Solche oder ähnliche Gedanken werden deine bisherige Identität immer wieder bestärken und dich davon abhalten, tatsächlich gelassener sein zu dürfen. Denn du bist im tiefsten Inneren überzeugt davon, dass du nur erfolgreich sein kannst, wenn du gestresst bist.

Welche Glaubenssätze hindern dich daran, die Person zu sein, die du sein möchtest? Welche Aussagen hältst du über dich für wahr, für unveränderbar?

Solange du der Ansicht bist, dass du eben einfach so bist, wie du bist, wird dir jede Veränderung, die du anstrebst, schwerfallen.

Die Überzeugung, dass du vielleicht momentan so bist, du aber jederzeit die Möglichkeit hast, dich und dein Leben zu verändern, macht dagegen schon einen enormen Unterschied.

Kannst du diese Überzeugung für dich annehmen?

Wenn du deine Glaubenssätze verändern möchtest, dann kannst du dich bei jedem deiner Glaubenssätze fragen, ob das denn wirklich IMMER (zu 100 Prozent) stimmt. Gab es noch NIE, wirklich NIE, eine Ausnahme?

Ich möchte jetzt nicht spoilern, aber wenn du über deine

Vergangenheit nachdenkst, dann wirst du mindestens eine Ausnahme zu deinem Glaubenssatz finden.

Eine meiner Workshop-Teilnehmerinnen, nennen wir sie Sophia, hatte genau diesen Glaubenssatz: „Arbeit ist anstrengend und verursacht Stress." Als ich sie fragte, wie sie denn darauf kommt, antwortete sie, dass sie sich schon während ihrer Schulzeit immer unter Druck gesetzt gefühlt hat und sie hart an ihren guten Noten arbeiten musste. Dadurch entstand auch der zweite Glaubenssatz: „Ich bin nur erfolgreich, wenn ich gestresst bin!" Und auch nach ihrer Schullaufbahn, in der Arbeitswelt, waren Überstunden, keine Pausen und knappe Termine an der Tagesordnung, nicht nur bei ihr, sondern auch bei ihren Kollegen. Das Team hatte einen Erfolg nach dem anderen, aber eben nur in Verbindung mit Stress. Diese Situationen haben Sophias Glaubenssätze entsprechend bestärkt.

Ich habe sie gebeten, einmal darüber nachzudenken, ob es wirklich stimmt, dass Stress und Erfolg in ihrer Vergangenheit immer gemeinsam entstanden sind. Wobei Erfolg ein sehr dehnbarer Begriff ist, unter dem jeder etwas anderes verstehen kann.

Es hat einen Moment gedauert und plötzlich strahlte sie über das ganze Gesicht. „Wenn ich an meiner Leinwand sitze und male, ist das überhaupt kein Stress für mich, im Gegenteil, und wenn ich dann mein fertiges Kunstwerk betrachte, ist das ein Erfolg für mich. Ich kann also auch Erfolg haben, wenn ich nicht gestresst bin."

Und genau das ist jetzt deine Aufgabe: In welchen

Situationen stimmt der Glaubenssatz, den du dir aufgebaut hast, schlichtweg nicht? Versuche dabei bitte, alle Bereiche deines Lebens zu berücksichtigen.

Wie kannst du den Glaubenssatz nun so umformulieren, dass er dich in deinem Veränderungsprozess unterstützt?

Als Beispiel kann der alte Glaubenssatz von Sophia:

→ „Ich bin nur erfolgreich, wenn ich gestresst bin!“

aufgrund der Erfahrungen, die sie bereits gemacht hat und auch immer wieder macht, umformuliert werden:

→ „Ich bin erfolgreich, auch ohne Stress!“

Aber Vorsicht: Formuliere die neue Aussage bitte positiv und vermeide negative Begriffe! Deshalb sind folgende Sätze besser geeignet:

→ „Gelassenheit führt mich zum Erfolg!“

→ „Ich bin gelassen und erfolgreich!“

Bitte nutze eine Formulierung, die sich für dich gut und

stimmig anhört und anfühlt. Tatsächlich handelt es sich bei der neuen Aussage noch nicht um einen verinnerlichten Glaubenssatz. Es handelt sich vielmehr um eine positive Affirmation, die du dir immer wieder bestätigen und in Erinnerung rufen darfst. So lange, bis sich dein alter Glaubenssatz verändert hat.

Wie lautet deine positive Affirmation, die deinen bisherigen Glaubenssatz widerlegt, und an die du dich immer wieder erinnern darfst?

___

___

Vielleicht schaffst du es während deines Tages, dir Situationen bewusst zu machen, die deine neue Affirmation bekräftigen und bestätigen. Dadurch beschleunigst du den Prozess, deine alten Glaubenssätze zu transformieren, und wirst schneller zu der Person, die du sein möchtest.

DEIN KRAFTVOLLER NEUER ALLTAG

Unser Ziel ist es nach wie vor, dir einen Alltag zu erschaffen, der dir mehr Kraft gibt, als dass er dir nimmt. Du kennst nun deine aktuellen Gewohnheiten, du weißt, wovon du weniger, wovon du mehr möchtest, auch welche Person du sein und welche Glaubenssätze du mit positiven Affirmationen verändern darfst.

Wenn du nun in die Veränderung gehst, dann nimm dir bitte nicht zu viel auf einmal vor. Ich weiß, wie es ist, hoch motiviert zu sein und loslegen zu wollen. Oftmals ist es aber so, dass wenn du viel willst, du nichts bekommst. Denn es ist nicht dieser EINE große Schritt, der dich weiterbringt, sondern tatsächlich sind es die VIELEN kleinen Schritte, die einen großen Unterschied machen.[3]

Obwohl genau das so einleuchtend ist, machen wir es trotzdem häufig anders. Weil wir denken, viel hilft viel. Aber das ist nicht richtig.

Vielleicht kennst du auch das folgende Sprichwort: „Man nimmt nicht zwischen Weihnachten und Silvester zu, sondern zwischen Silvester und Weihnachten." Das ist jetzt zwar ein negatives Beispiel, aber genauso verhält es sich auch im positiven Fall.

---

[3] Eigene Interpretation und Darstellung. Angeregt durch James Clear „Atomic Habits – Tiny Changes, Remarkable Results"

Für unser Leben ist es nicht entscheidend, was wir mal an einzelnen Tagen getan haben. Es ist entscheidend, was wir immer und immer wieder tun. Es sind also die vielen kleinen Schritte wesentlich wichtiger als die wenigen Großen!

Wenn du dir vornimmst, sowohl eine Morgen- als auch eine Abendroutine und zusätzlich Bewusstseinsübungen in deinen Tagesablauf zu integrieren, dann sind das zu viele Veränderungen auf einmal, du überlastest dein System komplett und brichst dieses Vorhaben vermutlich ziemlich schnell wieder ab. Dein innerer Schweinehund hat dann leichtes Spiel und du lässt dich schnell davon überzeugen, wieder deinen alten Gewohnheiten nachzugehen.

Genau das ist es, was wir nicht wollen. Wir wollen kleine Veränderungen, die sich leicht anfühlen und deshalb auch einfacher einen nachhaltigen Platz in deinem Leben verdient haben.

Deshalb nimm dir bitte für den Anfang eine kleine Veränderung vor, die du dir ab morgen angewöhnen möchtest. Beispielsweise die Dankbarkeitspraxis. Jetzt prüfe noch einmal deinen aktuellen Zeitplan, überlege dir, wie viel Zeit du für deine neue Gewohnheit einplanen möchtest, und lege für dich fest, womit du stattdessen zukünftig weniger Zeit verbringen wirst. Dann formuliere klar und unmissverständlich was du, wann, wie lange tun möchtest.

Ab morgen,

z. B. Ab morgen bin ich direkt nach dem Aufwachen, und noch bevor ich die Augen öffne, für fünf Minuten dankbar und spüre diese Dankbarkeit bewusst.

Ein Trick dabei ist, dass du einen größeren nachhaltigen Erfolg haben wirst, wenn du diese neue Gewohnheit zwischen zwei bestehenden Gewohnheiten einfügst. Also beispielsweise morgens nach dem Weg ins Bad und vor dem Anziehen oder abends direkt vor dem Zubettgehen.

Es gibt noch weitere Tricks, die dich gegen deinen inneren Schweinehund unterstützen.

Mache es dir so einfach wie möglich, deinen Plan wirklich in die Tat umzusetzen!

Bereite alles vor, was du vorbereiten kannst.

Angenommen, du möchtest täglich deiner Planungs- und Reflexionspraxis nachgehen, dann kannst du deinen Kalender oder dein Notizbuch mit einem Stift (teste bitte, ober du mit dem Stift gut schreiben kannst) an einem festen Ort bereitlegen. Vielleicht neben deinem Lieblingssessel oder in Reichweite deiner Couch. Wenn es dann so weit ist, hast du alles, was du benötigst, bereits parat und kannst loslegen. Denn wenn dem nicht so ist, und du dir erst alles, was du für deine neue Gewohnheit benötigst, zusammensuchen musst, gibst du deinem inneren Schweinehund schon wieder Spielraum, um dich davon abzuhalten.

Je nachdem, was du dir vornimmst, gibt es unterschiedliche Dinge, die du vorbereiten kannst. Du möchtest nach der Arbeit ins Fitnessstudio, dann lege deine Sporttasche bereits ins Auto und fahre auf direktem Weg dorthin. Tust du es nicht und fährst zuerst nach Hause, wird es wieder viele Gründe geben, die dafürsprechen, nicht noch einmal loszufahren. Wenn du morgens eine Runde joggen möchtest, kannst du dir am Abend vorher deine Sportsachen bereits hinlegen, sodass du sie nur noch anziehen musst und direkt loslaufen kannst.

Wenn du meditieren möchtest, ist es hervorragend, wenn du einen Ort hast, an dem du dich wohlfühlst, ohne noch recht viele Änderungen vornehmen zu müssen. Ich habe dazu beispielsweise meine Kopfhörer (ich nutze häufig angeleitete Meditationen) und Entspannungsmaske neben meinem Wohlfühlort, zwar aufgeräumt aber immer griffbereit platziert. Wenn du beispielsweise erst noch aufräumen müsstest, bevor du dich in dem Raum wohlfühlen kannst, in dem du meditieren möchtest, dann ist das schon wieder eine Hürde, die du erst nehmen musst, bevor du loslegen kannst.

Überlege dir deshalb bitte genau, was du, so gut es geht, vorbereiten kannst, um morgen deiner neuen Gewohnheit nachgehen zu können! Und dann leg los und bereite vor!

KURZ UND KNACKIG

- Wenn du dir bewusstwirst, dass dein innerer Schweinehund zu dir spricht, erinnere dich an dein WARUM.

- Veränderung funktioniert NICHT von außen nach innen.

- Wenn du etwas verändern möchtest, dann darfst du erst deine Identität, dein ICH BIN, verändern.

- Entlarve deine vorhandenen, dich einschränkenden Glaubenssätze und löse diese auf.

- Entscheide dich in deinem Veränderungsprozess besser für viele kleine Schritte, bevor du nur einen großen Schritt gehst.

- Mache dir die Veränderung so leicht wie möglich.

Jetzt bist DU an der Reihe!

Du hast nun so viele Vorbereitungen getroffen, um deinen Alltag auf deine Bedürfnisse auszurichten.

Jetzt heißt es: Umsetzen!

Und das hast ganz allein DU in der Hand!

Du hast dich dafür entschieden, deine positive Gewohnheiten-Spirale in Gang zu setzen. Du hast alle Voraussetzungen dafür geschaffen und jetzt darfst du es auch TUN!

Sei stolz auf alle Erkenntnisse, die du auf dem Weg bis hierher erhalten hast und dass du den Mut hattest, deine Augen zu öffnen, und nicht weggeschaut hast.

Freue dich darauf, deinen neuen Alltag zu leben!
Hab Spaß an dem, was für dich wichtig ist!

Du wirst sehen, dass es dir Tag für Tag leichter fallen wird, deinen Alltag umzustellen.

Feiere dich für jedes Mal, wenn du das Versprechen, das du dir selbst gegeben hast, einhältst!

Dadurch zeigst du dir:
Du kannst dich auf dich verlassen! Beweise dir dauerhaft, dass das richtig ist!

Deine Transformation im Alltag!

Sobald du merkst, dass es dir gelingt, diesen einen kleinen Schritt in deinen Alltag nachhaltig einzubinden, kannst du die gleiche Vorgehensweise mit deiner nächsten Veränderung durchführen.

Nach und nach schaffst du es dann, deinen Alltag so zu gestalten, dass er dir mehr Kraft schenkt, als dass er dir nimmt.

Vielleicht erscheint dir das im Moment alles viel zu langsam zu gehen. Aber wie bereits anfangs erwähnt: Wenn du einen Part nach dem anderen veränderst und das dauerhaft, dann hast du in einem Jahr wesentlich mehr erreicht, als wenn du heute viele Veränderungen anstrebst und diese nicht dauerhaft umsetzen kannst und relativ schnell wieder in alte Verhaltensmuster zurückfällst.

Du kannst dir vornehmen, die Übungen in diesem Buch regelmäßig zu machen. Beispielsweise in jedem Quartal oder halbjährlich, dann kannst du sehr gut überprüfen, wie sich deine Gewohnheiten im Laufe der Zeit tatsächlich verändern.

Wenn du möchtest, mache dir Notizen über deine Gefühle und vergleiche auch diese im Zeitverlauf.

Wenn du hochmotiviert bist und dir dennoch zutraust, mehr Veränderungen in deinen Tagesablauf auf einmal einzubauen, dann eignen sich bestimmte Zeitpunkte dafür besser als andere.

Beispielsweise fällt es dir leichter, deinen Alltag neu zu gestalten, wenn du aus der Urlaubszeit zurückkommst. Dabei ist es egal, ob du deinen Urlaub zu Hause verbracht hast oder nicht.

Du stimmst mir sicher zu, dass du dich im Urlaub automatisch anders verhältst als danach, wenn Schule und Arbeit wieder den Rahmen vorgeben.

Mache dir dann während deiner Urlaubszeit bereits Gedanken, wie du deinen Alltag gestalten möchtest, sobald dieser wieder beginnt. Da du die gewohnten Verhaltensmuster bereits durchbrochen hast, fällt es dir leichter, neue zu beginnen.

Das Gleiche gilt auch für Zeiten, in denen sich die Rahmenbedingungen ändern. Oft stolpern wir da rein, ohne uns großartig Gedanken zu machen, dabei haben wir in diesen Momenten die größte Chance auf eine positive Veränderung, die uns leichtfallen kann.

Rahmenbedingungen ändern sich immer, wenn du beispielsweise umziehst, den Job wechselst, dein Kind in den Kindergarten oder die Schule kommt oder die Schulferien zu Ende sind. Diese Situationen bieten dir die beste Möglichkeit, dir Gedanken über die Gestaltung deines neuen Alltags zu machen, denn in gewisser Weise machst du das zwangsläufig. Die Frage ist nur, mit welcher

Absicht gestaltest du deinen Alltag neu: Damit er einfach nur irgendwie funktioniert oder damit er dir Energie und Lebensqualität schenkt?

Adieu - schlechte Gewohnheit!

Vielleicht möchtest du dir nicht nur eine neue Gewohnheit aneignen, sondern auch eine schlechte Gewohnheit ablegen, und fragst dich, wie das am besten funktionieren kann.

Zunächst kannst du schon einmal stolz auf dich sein, weil dir bewusst ist, dass dir etwas nicht guttut und du diese Gewohnheit, beispielsweise die Schokolade oder die Chips abends auf der Couch, loswerden möchtest.

Auch hier ist Bewusstsein der erste Schritt zur Veränderung.

Und dann gelten ähnliche Kriterien, wie die, die du bereits kennst. Erkenne zunächst dein WARUM! Warum möchtest du die bisherige Gewohnheit loswerden? Was würde passieren, wenn du sie in den nächsten fünf Jahren noch hättest?

Frage dich: Welche Person bist du, ohne diese negative Gewohnheit? Wie fühlt sich diese Person? Wie spricht diese Person? Wie verhält sich diese Person? Wie denkst du als diese Person?

Definiere für dich im nächsten Schritt genau, was du nicht mehr möchtest!

Und dann, mache es dir so schwer wie möglich, der bisherigen Versuchung nachzugeben.

Im Beispiel mit den Süßigkeiten auf dem Sofa hast du im Idealfall einfach keine zu Hause.

In diesem Fall kannst du die Süßigkeiten auch durch etwas ersetzen, was dir guttut. Beispielsweise könntest du Karotten-Sticks oder eine andere gesündere Alternative wählen.

Gehe in Gedanken durch deine Vergangenheit: Wann konntest du schon einmal eine negative Gewohnheit ablegen?

Wie hast du dich damals verhalten? Was hat dir dabei geholfen?

Wenn du es schon einmal getan hast, dann hast du die Gewissheit, dass du es wieder tun kannst!

Wenn dir kein Beispiel einfällt, dann halte es doch wie Pipi Langstrumpf, die sagte: „Das habe ich vorher noch nie gemacht, deswegen bin ich völlig sicher, dass ich es schaffe."

Dein Leben – deine Regeln!

KURZ UND KNACKIG

- Habe Spaß an der Veränderung.
- Wenn der Anfang getan ist, wird es dir von Tag zu Tag leichter fallen.
- Vergleiche deinen Fortschritt ganz bewusst regelmäßig, sonst hast du das Gefühl, es ändert sich nichts.
- Ergreife deine Chance, wenn sie sich bietet: Eine Veränderung in deinem Alltag ist einfacher nach einem automatischen „Gewohnheitsbruch“, wie beispielsweise nach dem Urlaub, im Rahmen eines neuen Lebensabschnitts, etc.
- Eine schlechte Gewohnheit lässt sich mit den gegenteiligen Mitteln ablegen, die du zum Aufbau einer positiven Gewohnheit einsetzt.
- Mache es dir so schwer wie möglich, der bisherigen negativen Gewohnheit weiterhin nachgehen zu können.

Dranbleiben lohnt sich – das hilft!

Egal, ob du eine schlechte Gewohnheit verlieren oder eine neue Gewohnheit in deinen Alltag integrieren möchtest, jetzt heißt es erst einmal: „DRANBLEIBEN."

Du merkst von selbst, wenn du es geschafft hast.

Denn deine schlechte Gewohnheit vermisst du dann plötzlich nicht mehr und denkst auch nicht mehr darüber nach, und deine neue gute Gewohnheit geht dir wie von selbst von der Hand.

Außerdem ist es dir selbst ein großes Anliegen, deine neue Gewohnheit in deinen Tag integrieren zu können, und du wirst immer einen Weg finden, dies auch zu tun. Sollte es dir einmal nicht gelingen, weil du etwas Besonderes vorhast, dann wirst du automatisch daran denken, es schade finden, dir aber das Versprechen geben, am darauffolgenden Tag für dich loszugehen. Das ist genau der Moment, an dem du es geschafft hast!

Aber bis es so weit ist, darfst du konsequent mit dir sein!

Mithilfe eines Gewohnheiten-Trackers kannst du dein Durchhaltevermögen schriftlich festhalten, es dir vor Augen führen, und wenn du ein Mensch bist wie ich, dann macht es dich glücklich, wenn du einen Haken setzen und stolz auf dich sein kannst!

Du kannst den Tracker in deine Planungs- und Reflexionspraxis integrieren. Es geht aber auch vollkommen nach dem Motto „KISS - keep it short and simple“ – also halte es kurz und einfach, indem du dir in deinem Notizbuch oder in deinem Kalender die Möglichkeit einräumst, täglich einen kurzen Eintrag zu machen, bei dem du festhältst, ob du erfolgreich warst oder nicht!

Ich habe dir eine Vorlage für deinen Gewohnheiten-Tracker erstellt. Diesen findest du im Begleit-Online-Kurs zu diesem Buch.

Aber VORSICHT: Gerade zu Beginn deiner Veränderung ist es extrem wichtig, wirklich das umzusetzen, was du möchtest! Es ist kein Problem, wenn du einmal dein Vorhaben unterbrichst und dann einfach am nächsten Tag weitermachst!

Sollte es aber so sein, dass du mindestens zweimal dein neues Vorhaben schleifen lässt, dann bist du dabei, eine komplett neue Gewohnheit zu integrieren. Und ab diesem Zeitpunkt solltest du dich fragen, ob du das wirklich möchtest!?

Das hört sich im ersten Moment vielleicht seltsam an. Aber es verhält sich tatsächlich so, dass du, wenn du wiederholt etwas tust, auch wenn es etwas ist, was du eigentlich nicht tun möchtest, bereits den ersten Schritt zur neuen Gewohnheit machst.

Angenommen, du fängst heute Abend damit an, dir nach dem Abendessen einen Schokoriegel zu „gönnen“. Dann ist das erst einmal kein Problem. Wenn du morgen zur gleichen Zeit genau das Gleiche tust, solltest du deine inneren Alarmglocken läuten hören und dich fragen, ob du das wirklich willst!

Denn ist es nicht paradox, dass es uns oftmals leichter fällt, uns etwas vermeintlich Negatives anzugewöhnen, als etwas Positives? Selbstverständlich ist es reine Definitionssache, was wir unter „negativ" und „positiv" verstehen. Darüber, dass ein Schokoriegel nach dem Abendessen eher unter „negativ" fällt, sind wir uns aber vermutlich einig. Dir genau das wieder abzugewöhnen, erfordert mehr Durchsetzungsvermögen, als vorher einen Schlussstrich zu ziehen.

Auch hier liegt der Schlüssel im eigenen Bewusstsein und darin, dass dir dein Verhalten auffällt und du es reflektierst.

Wenn du dir etwas Positives angewöhnen möchtest, dir an manchen Tagen aber trotzdem der Alltag dazwischenkommt und du dir „keine Zeit" für dein positives Vorhaben einräumen kannst, dann verkürze es bitte und lasse es nicht vollständig weg!

Für deinen neuen Automatismus ist es wichtig, dass du einerseits daran denkst, es umzusetzen, und es andererseits dann auch tust. Die Dauer ist dabei nicht zwangsläufig entscheidend, wenn es eben einmal nicht vollumfänglich möglich ist.

Wenn du dir vorgenommen hast, beispielsweise zehn Minuten täglich zu meditieren, dann setze dich wenigstens für zwei Minuten hin.

Es geht dann weniger darum, ob diese verkürzte Durchführung wirklich sinnvoll ist, als vielmehr darum, dass du dein Vorhaben an dem Tag trotzdem durchgezogen hast! Du zeigst deinem System dadurch, dass es dir wichtig ist, du gibst deiner inneren Stimme nicht nach und hilfst, deinen Automatismus in Gang zu setzen!

Wenn du dir selbst etwas mehr Druck aufbauen möchtest, dann kannst du deinen Freunden, deiner Familie oder Kollegen von deinem Vorhaben erzählen. Indem du darüber sprichst, verinnerlichst du einerseits selbst, was du tun möchtest, und andererseits kann es sein, dass du zu einem späteren Zeitpunkt danach gefragt wirst.

Das kann durchaus motivierend wirken und vielleicht steckst du auch jemanden im positiven Sinn mit deiner Begeisterung für Veränderung an.

Ein weiterer Motivations-Booster, um wirklich dranzubleiben, kann es sein, wenn du dir einen Buddy suchst, der die Veränderung mit dir mitmacht. Das ist zwar ähnlich, wie wenn du jemandem davon erzählst, aber wesentlich verbindlicher und konsequenter.

Das kann dein bester Freund, dein*e Partner*in oder deine Kollegin sein. Ihr müsst gar nicht die gleiche neue Veränderung vorhaben. Es ist vollkommen ausreichend, wenn ihr euch beispielsweise einmal oder zweimal wöchentlich verabredet und dann jeweils die andere Person befragt, wie gut oder schlecht die Umsetzung in den letzten Tagen geklappt hat.

Du wirst sehen, dass plötzlich ein ganz neuer Aspekt

seinen Einfluss auf dein Durchsetzungsvermögen hat. Denn, wenn du ehrgeizig bist, dann möchtest du auch gegenüber der anderen Person zeigen, dass auf dich Verlass ist. Du möchtest dir nicht die Blöße geben müssen, in gewisser Weise „versagt“ zu haben.

Wenn du also das nächste Mal im Dialog mit deinem inneren Schweinehund bist, dann hast du das Argument auf deiner Seite, dass du in der Reflexion mit deinem Buddy keine Schwäche zeigen möchtest.

Und plötzlich ziehst du die Sache, an die du glaubst, einfach durch!

Ihr motiviert und unterstützt euch daher gegenseitig.

Vielleicht meldet sich gerade deine innere Stimme, die sagt, dass man sich nicht von anderen Personen abhängig machen sollte, wenn man selbst etwas durchziehen will.

Es handelt sich hierbei um keine Abhängigkeit, sondern um gegenseitige Motivation. Und ganz ehrlich, wenn es dir dabei hilft, das umzusetzen, was du umsetzen möchtest, dann spricht auch nichts dagegen.

Letztlich handelt es sich dabei um eine sogenannte Win-win-Situation, von der ihr beide profitiert.

Als kleiner wichtiger Reminder für uns alle:

Du musst nicht immer alles allein schaffen!
Es ist absolut in Ordnung, dir Hilfe zu holen!

MOTIVIERT DICH EHER EINE BESTRAFUNG ODER EINE BELOHNUNG?

Je nachdem, was bei dir selbst am meisten wirkt, hierbei kennst du dich immerhin am besten, kann dich eine der beiden folgenden Varianten dazu motivieren, dranzubleiben:

DIE BESTRAFUNG

Du machst dir bewusst, was passiert, wenn du es nicht schaffst, deine neue Gewohnheit in deinen Alltag zu integrieren.

- → Wie wirst du dich dann fühlen?
- → Welche Auswirkungen wird es auf dein Leben haben?
- → Wo stehst du in fünf Jahren, wenn du alles so beibehältst und nichts veränderst?
- → Was passiert (nicht) mit deinem Umfeld?

Diese Art der Motivation wird oftmals auch mit „weg von“ beschrieben.

Kennst du den Spruch „Ich habe so lange ein Motivationsproblem, bis ich ein Zeitproblem habe“? Wenn du dich an deine Schul- oder Studienzeit zurückerinnerst, dann kommt es dir vielleicht bekannt vor, dass du mit deiner Ausarbeitung oder dem Lernen erst begonnen hast, wenn es wirklich nicht mehr anders ging.

Es handelt sich dabei auch um eine Vermeidungsstrategie. In diesem Fall wirst du motiviert, um etwas vermeintlich „Schlimmes“ zu verhindern.

Dich kann aber genauso gut etwas Positives, wie eine Belohnung, motivieren.

Die Belohnung

Normalerweise sollte man meinen, dass dein Vorhaben selbst die größte Belohnung ist. Dazu kannst du dir die folgenden Fragen beantworten:

- → Wie verändert sich dein Leben, wenn du es durchziehst?
- → Welche Gefühle wirst du haben?
- → Was zeigt sich in deinem Umfeld?
- → Wo stehst du in fünf Jahren, wenn du dich auf deine Versprechen verlassen kannst?

Verhält es sich so, dass du dich genau damit motivieren kannst, dann spricht man von „intrinsischer Motivation“.

Wenn du aber trotzdem noch weitere Belohnung von außen (also „extrinsische Motivation“) benötigst, dann überlege dir, womit du dich belohnen kannst, wenn du dein Vorhaben beispielsweise zwei, vier oder sechs Wochen konsequent durchgezogen hast. Diese Art der Motivation wird oftmals mit „hin zu“ beschrieben.

Angenommen, du möchtest einen neuen Job. Dann kann es sein, dass es dir in deinem aktuellen Arbeitsumfeld sehr gut gefällt, du aber trotzdem wechselst, weil du einfach ein sehr gutes Angebot (egal ob in monetärer oder herausfordernder Hinsicht) erhalten hast, welches du annehmen möchtest. Du wärst dann „hin zu" motiviert. Es kann aber auch genauso gut sein, dass du mit deinem aktuellen Job unzufrieden bist, dich nicht mehr wohlfühlst und dir deshalb ein neues Arbeitsumfeld suchst. In diesem Fall bist du „weg von" motiviert.

Welchen Schalter musst du für dich umlegen, um an deiner neuen Gewohnheit dranzubleiben?

A oder B: Wie tickst du?

Kreuze sehr gerne an:

- ◇ A – ich möchte die Belohnung
- ◇ B – ich vermeide die Bestrafung

Wenn du A angekreuzt hast, dann notiere dir hier deine

Belohnung, wenn du B angekreuzt hast, dann notiere dir bitte deine Bestrafung:

____

____

____

____

Ich habe im Rahmen meines Studiums eine Studienarbeit zum Thema „Auswirkungen von Anreizgehältern auf die intrinsische Motivation“ analysiert und verfasst.

Ins Detail zu gehen, würde den Rahmen sprengen, aber es war durchaus interessant, zu sehen, dass ein höheres Gehalt zwar kurzfristig die intrinsische Motivation von Mitarbeitern beeinflusst, relativ schnell allerdings wieder verpufft, wenn diese nicht zusätzlich anderweitig intrinsisch motiviert sind.

Ein höheres Gehalt zählt per se zu den extrinsischen Motivationsfaktoren. Es kann sich zwar auf die intrinsische Motivation auswirken, allerdings nur dann, wenn die Mitarbeiter auch in gewissem Maß von vorneherein schon einen intrinsischen Antrieb, wie beispielsweise Interesse, Freude oder Sinnhaftigkeit in ihrer Arbeit, haben.

Absolut spannend sind auch die Auswirkungen von intrinsischer und extrinsischer Motivation auf dein Stressempfinden.

Wenn du nur etwas tust, weil du mehr Geld verdienen oder irgendwo dazugehören möchtest, dann wird dir diese Tätigkeit mit der Zeit unglaublich stressig erscheinen und kann sich negativ auf deine Resilienz auswirken.

Aber keine Sorge, es gibt nicht nur ein Schwarz oder Weiß, ein entweder oder! Beide Seiten können miteinander in Korrelation gehen.

Warum solltest du nicht mit einer Tätigkeit, die dir Freude bereitet und für dich absolut sinnhaft ist, auch das Geld verdienen, das du dir wünschst, dich einer Gruppe zugehörig fühlen oder dir den positiven Einfluss verschaffen, den du gerne möchtest.

Frage dich gerne bei allem, was du tust, was dein Antrieb dafür ist. Tust du es, weil du es von dir heraus möchtest, oder gibt es einen äußeren Anreiz, der dich dazu motiviert?

KURZ UND KNACKIG

- Ein Gewohnheiten-Tracker kann dich dabei unterstützen, deine Motivation zu behalten.

- Solltest du einmal tatsächlich keine Zeit finden, deine neue Gewohnheit in deinen Tagesablauf einzubinden, dann tue dies trotzdem, wenn auch nur für ein paar Minuten.

- Erzähle deinen Freunden und deiner Familie von deinem Vorhaben, um dich selbst etwas unter positiven Druck zu setzen.

- Suche dir einen Buddy, mit dem du dich austauschst.

- Je nachdem, welcher Typ du bist, motiviere dich selbst über Belohnung oder Bestrafung.

- Prüfe für dich, welche intrinsischen und extrinsischen Motivationsfaktoren auf dich bei welchen Tätigkeiten zutreffen.

Nutze den positiven Stress für dich

Wenn du etwas tust, das dir Spaß macht und dich in den sogenannten Flow versetzt, dann wird es dir leichter fallen und positiven Stress in dir auslösen!

Denn auch Stress ist per se nicht nur negativ. Tatsächlich wird in der Wissenschaft zwischen positivem, dem sogenannten Eustress, und negativem, dem sogenannten Distress, unterschieden.

Im Eustress bist du fokussiert, dir geht es richtig gut, du bist motiviert und fühlst eine gesunde, wohltuende Anspannung. Das, was du tust, zaubert dir ein Lächeln auf deine Lippen und erfüllt dich mit Freude und Spaß!

Im Distress dagegen funktionierst du nur, du arbeitest angestrengt bis zur Erschöpfung und kämpfst mit Ärger. Im schlimmsten Fall kommt nach Angst- und Panikattacken der Zusammenbruch.

Deshalb ist es so wichtig, dein Bewusstsein zu stärken. Wie geht es dir mit dem, was du tust? Bist du im Eustress oder im Distress?

Während du Eustress empfindest, stärkst du deine Belastbarkeit und deine Resilienzfähigkeit.

Mit einer hohen Resilienzfähigkeit kannst du wiederum Phasen des Distress in Form von Anstrengungen, die es immer wieder einmal geben wird, gut überwinden.

Allerdings gilt es hierbei, sehr achtsam mit dir zu sein, diese Distress-Phasen so kurz wie möglich zu halten und dir frühzeitig eine Pause zu gönnen!

Wusstest du, dass Langeweile auf Dauer genauso schädlich für deine psychische Gesundheit sein kann, wie Distress? Denn während Burn-out die Folge von Distress sein kann, kann Bore-out (bei einer Unterforderung) die Folge von Langeweile sein.

In diesem Fall kann ebenfalls das Fehlen von Sinnhaftigkeit zu einer Depression führen.

Ich wiederhole mich ungern, aber die Punkte, die du in diesem Buch bereits kennengelernt hast, wie eine achtsame Morgen- oder Abendroutine, können kraftvolle Gewohnheiten sein, um dich im positiven Umgang mit Stress zu unterstützen.

Eustress vs. Distress

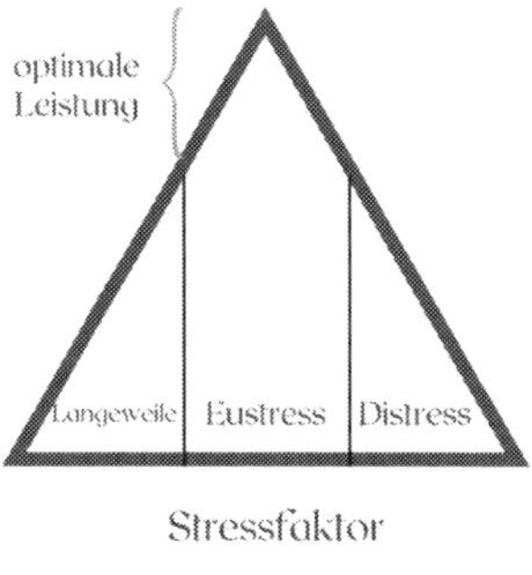

Und weil wir uns in einer Leistungsgesellschaft befinden, noch der folgende Hinweis: Unabhängig davon, ob das gut oder schlecht ist, sind wir tatsächlich am leistungsfähigsten, wenn wir uns im Eustress befinden!

Ein Geheimnis, um erst gar nicht in den Distress zu geraten, ist es, dir eine Pause zu gönnen, bevor du wirklich eine Pause brauchst!

Hand aufs Herz: Wie oft erlaubst du dir diese Pause?

Und ganz ehrlich, mir geht es da nicht anders. Denn jetzt gerade, in diesem Moment, in dem ich diese Zeilen schreibe, mir vorstelle, wie du dieses Buch in deinen Händen hältst, mir dein Vertrauen schenkst, wofür ich dir von Herzen danke, befinde ich mich im absoluten Eustress.

Allerdings sitze ich schon seit einigen Stunden hier an meinem Schreibtisch und es würde mir tatsächlich guttun, einfach kurz an die frische Luft zu gehen, um danach wieder hoch motiviert weiterzuschreiben!

Mein Impuls an dich ist deshalb: Nutze auch du kurze Auszeiten, um bei dir anzukommen, wieder Kraft zu tanken, dich mit frischem Sauerstoff zu versorgen. Das muss nicht lange sein, aber darf dir guttun!

Stelle dich innerlich auf Resilienz ein

Oft machen wir uns das Leben selbst schwer, weil wir die Punkte, die ich mit dir gerne teilen möchte, einfach anders machen. Weil es menschlich ist und es vielleicht irgendwie jeder so macht. Aber das heißt nicht, dass es uns guttut. Deine grundsätzliche innere Einstellung zu unterschiedlichsten Themenbereichen macht einen großen Unterschied!

Meiner Meinung nach kann man auch gar nicht oft genug daran erinnert werden! Denn wenn dir der ein oder andere Punkt schon bekannt ist, solange du ihn noch nicht für dich so verinnerlicht hast, dass er deine innere Einstellung positiv beeinflusst, solange darfst du ihn dir immer wieder ins Gedächtnis rufen.

Schluss mit Vergleichen!

Wie oft vergleichst du dich mit deinen Mitmenschen? Teilweise sogar in ganz banalen Kriterien?

Du entscheidest dich bewusst für deine Frisur, deinen Kleidungsstil, deine Figur, dein Make-up, deinen Job, deine Partnerschaft, deine Freunde, dein Auto, deine Fitness, etc. Aus diesem Grund ist es absolut unbedeutend, ob eine andere Person deine Entscheidungen für gut oder schlecht befindet!

Genauso gleichgültig ist es, wie eine andere Person sich in einer ähnlichen Situation verhält. Du hast dich für deinen Weg entschieden, deshalb darfst du auch zu deinem Weg stehen.

Wenn du Vergleiche ziehst, die dich unglücklich machen, dann geschieht dies immer aus einem Mangeldenken heraus. Du bist in dieser Situation mit dir selbst unzufrieden, weil du nicht zu 100 Prozent hinter deiner Entscheidung stehst.

Dafür kann die Person, mit der du dich vergleichst, überhaupt nichts. Frage dich vielmehr: Müsstest du etwas ändern, um zufriedener sein zu können, oder müsstest du nur deine Einstellung dazu verändern, und du kannst schon jetzt entspannt sein, indem du einfach mit dem Vergleich aufhörst.

Sag Ja zur positiven Ausstrahlung

Eine positive Ausstrahlung beginnt mit einem freundlichen Gesichtsausdruck in Verbindung mit einem strahlenden Lächeln und Begeisterungsfähigkeit in den Augen und schließt mit einer aufrechten Körperhaltung ab.

Indem du deine Schultern nach oben bis zu deinen Ohren ziehst, und diese anschließend nach hinten rollst, kannst du deine Körperhaltung aufrichten. Wenn du nun deine Mitmenschen anlächelst und mit einem sicheren und temporeichen Tritt durch die Straßen, Einkaufszentren oder Büroräume gehst, kannst du diese Ausstrahlung für dich nutzen. Lass dabei ganz gezielt positive Gedanken zu, beispielsweise wie stolz du auf dich bist und wie zufrieden du sein darfst.

Stecke deine Augen mit dieser Begeisterung für dich und dein Leben an, dann überträgst du dieses Gefühl auch auf das, was du ausstrahlst!

Wenn du dir eine positive Ausstrahlung antrainierst oder angewöhnst, wirst du einen unglaublichen Unterschied merken. Deine Mitmenschen reagieren plötzlich ganz anders auf dich! Und genau das kann zusätzlich motivieren.

Nur wenige Menschen achten darauf, wie sie wirken, weil sie in ihrer Gedankenwelt gefangen sind. Stell dich einfach mal bei Gelegenheit für ein paar Augenblicke in einen Supermarkt und sieh dich um. Was fällt dir auf? Wie viele Menschen siehst du strahlend durch die Gänge gehen, und wie viele sind vollkommen emotions- und energielos?

Ist es nicht großartig, wenn du dich bewusst dafür entscheiden kannst, anders als die Mehrheit zu handeln? Du bist etwas Besonderes! Strahle diese Besonderheit bei deinem Tun und Denken aus!

Akzeptiere dich so, wie du bist!

Hast du ein harmonisches Verhältnis zu dir und deinem Körper? Denn wenn nicht, dann sorgt diese Tatsache für schlechte Gefühle und bringt immer ein Ungleichgewicht in deine stabile innere Mitte.

Lege deshalb deinen Fokus auf die Bereiche, die dir an dir und deinem Körper gefallen! Ändere daher dein Verhalten. Begutachte nicht mehr den schiefen Zahn oder das erste graue Haar oder die vermeintlichen Segelohren, die du glaubst, zu sehen.

Sondern konzentriere dich auf die Körperstellen, die dir besonders gut an dir gefallen, wie beispielsweise deine strahlenden Augen, die dich begeistert durch den Spiegel ansehen.

Das Leben macht viel mehr Spaß, wenn du zufrieden bist. Mache es dir nicht schwerer, als es ist, und überzeuge dich selbst davon, dass auch du mit deinem wunderbaren Körper im Einklang sein darfst!

Die Lösung ist wichtig – nicht das Problem

Wie denkst du darüber, wenn etwas nicht so funktioniert, wie du es dir wünschst? Steht für dich das Problem im Vordergrund, und denkst du immer wieder darüber nach, wie es entstanden ist und warum die Situation jetzt so ist, wie sie ist? Wie viel Energie steckst du hinein, den Verantwortlichen für die Situation zu finden, um ihn immer wieder damit zu konfrontieren und mit ihm die Einzelheiten bis ins kleinste Detail auszudiskutieren?

Oder badest du dich gerne in Selbstmitleid und fragst dich, warum dir das immer wieder passiert?

Wenn du eine Frage ganz ehrlich mit Ja beantwortet hast, dann herzlichen Glückwunsch! Du schaffst es, dein Problem und die negativen Gefühle, die damit einhergehen, vollkommen unnötig in die Länge zu ziehen. Entschuldige, mir war gerade etwas nach Ironie.

Denn seien wir einmal ehrlich, die Situation wird dadurch nicht besser. Es mag vielleicht einfach sein, sich in der Opferrolle zu sehen. Dadurch gibst du allerdings die Verantwortung von dir weg und machst es dir schwer, die Lage zu verändern. Denn nur dann, wenn du dich für etwas verantwortlich fühlst, kannst du etwas ändern.

Wenn du das Problem stattdessen als eine Herausforderung siehst, die es zu lösen gilt, transformierst du deine Perspektive genauso wie deine Gefühle und wirst handlungsfähig.

Scheue nicht davor zurück, dir Hilfe zu suchen, wenn es notwendig ist und es einer schnellen Lösungsfindung dient. Aus diesem Grund ist es auch für dich wichtig, dass du dich auf das Wesentliche konzentrierst und Wege suchst und findest, um Herausforderungen mit dem notwendigen Biss und der erforderlichen Angriffslust zu begegnen.

Blende dabei alle Emotionen, die dich daran hindern, über Lösungsmöglichkeiten nachzudenken, aus. Frage dich stets: Bringt mich diese Emotion oder dieser Gedanke näher zu meiner Lösung? Wenn nein, dann gehe diesem auch nicht weiter nach.

Setze deine Grenzen und verteidige sie!

Wie oft tust du etwas, was du eigentlich gar nicht möchtest? Aber aus welchem Grund tust du es dann?

Aus Pflichtgefühl oder aus Angst davor, abgelehnt zu werden, oder möchtest du einem Konflikt aus dem Weg gehen?

Was auch immer es ist, in dem Moment, in dem du dich dafür entscheidest, deine eigenen Bedürfnisse nach hinten zu stellen, gibst du dir das Gefühl, in deinem Leben nicht wichtig genug zu sein. Gleichzeitig erlaubst du deinen Mitmenschen, die imaginäre Linie deiner Grenzen zu ignorieren.

Das erzeugt negative Emotionen, Stress und Druck.

Allerdings kann es auch daran liegen, dass du deine Grenzen nicht definiert hast, und diese auch von deinen Mitmenschen nicht wahrgenommen werden.

Du kannst dich einmal fragen, warum das so ist. Denn immerhin lässt du bestimmt nicht jeden ungefragt in deine Wohnung. Denn dort gelten deine Regeln. Du bestimmst, wer dich besuchen darf und wann.

Genauso verhält es sich mit deiner Zeit, deinen Aufgaben, den Dingen, die du tun möchtest. Und wenn du für dich feststellst, dass du etwas nicht möchtest, dann darfst du das auch so kommunizieren. Ohne schlechtes Gewissen!

Vielleicht kennst du die Situation, dass du es geschafft hast, deine Grenzen zu kommunizieren und „NEIN“ gesagt hast, und sich dann ein schlechtes Gewissen bei dir einschleicht. Nimm dieses Gefühl wahr und erlaube dir, es wegzuschicken.

Ich möchte dich heute daran erinnern, dass du für dich einstehen darfst! Du schaffst das!

Erkenne deine STOP-Schilder!

Dass es besser ist, eine Pause einzulegen, bevor du wirklich eine Pause brauchst, war bereits ein wichtiger Impuls. Du kennst bestimmt die ein oder andere Situation, in der du dich bisher nicht daran gehalten hast, oder?

In diesen Phasen darfst du wachsam sein, denn dein Leben zeigt dir verschlüsselte STOP-Schilder in unterschiedlicher Form. Das können Schmerzen sein, eine Krankheit, weniger Appetit, Schlafstörungen, verletzte Beziehungen oder Ähnliches.

Wenn du etwas bemerkst, was sich danach anfühlt, ein STOP-Schild sein zu können, darfst du hinterfragen, ob sich das, was du momentan tust, wirklich richtig anfühlt oder ob es an der Zeit ist, vielleicht deine Richtung oder deine Einstellung zu verändern.

Du erkennst die Notwendigkeit von einem Richtungswechsel auch daran, wenn du immer wieder mit der gleichen Sache unzufrieden bist und dich darüber ärgerst. Es ist nicht notwendig, dich damit zu arrangieren. Denn du kannst jederzeit etwas verändern, wenn du es möchtest!

Sobald sich ein STOP-Schild in deinem Leben auftut, nutze es und gönne dir zunächst eine Pause.
Vielleicht löst es sich von selbst, wenn du dir die Zeit nimmst und einen anderen Blickwinkel einnimmst.

Positive Grundeinstellung in Richtung Zukunft

Wenn du heutzutage die Nachrichten verfolgst, wird ein Horrorszenario nach dem anderen durch die Presse getrieben. Ich möchte im Detail gar nicht darauf eingehen, um diesem negativen Strudel nicht noch mehr Macht zu geben.

Die größte Gefahr sehe ich darin, dass immer mehr Themen diskutiert werden, die teilweise noch gar nicht spruchreif sind. Dennoch werden die unterschiedlichsten Szenarien durchgespielt und als Zuschauer wird man komplett verrückt gemacht.

Du entscheidest aber für dich, ob du dich davon verrückt machen lassen möchtest und dir davon angst und bange werden soll, oder ob du Nachrichten gezielt konsumierst und immer mit einer gewissen Distanz betrachtest.

Es ist niemandem geholfen, wenn es dir nicht gut geht. Mitgefühl zu haben, ist eine positive Eigenschaft, die auch sinnvoll ist. Aber tatsächlich mitzufühlen und deine Energie dabei auf der Strecke zu lassen, ist ganz sicher nicht gut für dich.

Ich sage immer, wir lassen das erst einmal auf uns zukommen und finden dann eine Lösung, wenn es so weit ist. In manchen Situationen macht sicher ein Plan B, der im Vorfeld schon einmal gedanklich feststeht, absolut Sinn.

Aber in Panik zu geraten, weil vielleicht etwas passieren könnte, was dann doch nicht passieren wird, liegt mir fern.

Delegiere auch mal

Das, was du tust, macht niemand so wie du. Keine Frage. Aber muss das denn eigentlich tatsächlich auch immer so sein?

Kann es sein, dass es dir schwerfällt, eine Aufgabe auch einmal loszulassen? Sie jemand anderen machen zu lassen? Was würde passieren, wenn du genau das tust?

Vielleicht bist du Mama und übernimmst, trotz Emanzipation, den größten Teil der Kindererziehung. Was eine absolut erfüllende Tätigkeit sein kann, keine Frage. Dir fehlt dadurch aber die Möglichkeit, einfach mal wieder bei dir anzukommen.

Könnte es daher nicht sein, dass du deinen Partner*in die ein oder andere Aufgabe übertragen könntest?

Du schaffst dadurch etwas mehr Zeit und Raum für dich, um wieder Kraft tanken und wieder mehr Begeisterung für euer gemeinsames Leben versprühen zu können.

Überlege doch einmal für dich, welche Aufgabe du nicht immer selbst machen musst. Oft spielen sich bestimmte Dinge ein und wir merken dies gar nicht bewusst.

Vielleicht bist du Angestellte und möchtest deine Arbeiten gerne selbst machen. Aber was spricht dagegen, dem Auszubildenden in deiner Abteilung einen Teil davon abzugeben?

Ihr habt dadurch eine WIN-WIN-Situation. Denn einerseits machst du dir dadurch weniger Stress und gleichzeitig darf dein junger Kollege mehr Verantwortung tragen, was erfahrungsgemäß sehr motivierend sein kann.

Was auch immer es ist, was du entweder generell oder wenigstens ab und zu delegieren kannst, tue es. Habe Vertrauen darauf, dass auch die andere Person die Aufgabe genauso gut erledigen wird, wie du.

Wenn du verstehst, dass du dir den Stress in manchen Situationen einfach selbst machst, kannst du auch etwas dagegen tun, auch wenn es dich im ersten Moment Überwindung kosten wird. Aber du wirst dich auch daran gewöhnen können!

Achte auf die Qualität deiner Fragen

Hast du schon einmal darauf geachtet, welche Fragen du dir selbst stellst? Falls nicht, dann achte einmal besonders darauf!

Denn unser Gehirn ist immer auf der Suche nach Antworten.

Wenn du Fragen stellst, wie:
→ Warum klappt es bei mir nicht?
→ Warum passiert mir das immer?
→ Was mache ich eigentlich falsch?
→ Warum bin ich so wütend?

Mit diesen Fragestellungen beschäftigst du dich stärker mit dem Problem als mit der Lösung! Diesen Punkt kennst du bereits!

Deshalb ist es unglaublich wichtig, die Fragen, die du dir selbst stellst, so zu formulieren, dass dich die Antworten weiterbringen!

Du könntest dir folgende Fragen stellen:
→ Was kann ich verändern, damit es bei mir funktioniert?
→ Wie gehe ich entspannt mit dieser Situation um?
→ Warum tue ich, was ich tue?
→ Was macht mich so richtig glücklich?
→ Wie möchte ich mich fühlen?

Wenn du heute durch deinen Tag gehst, dann fokussiere dich doch auf die Qualität der Fragen, die du dir selbst stellst, die du anderen Menschen stellst und die du von anderen gestellt bekommst!

Was fällt dir auf? Wie kannst du die Fragestellungen verändern, um deinem Ziel, deiner Lösung, deiner Energie, deiner Gelassenheit, deiner Lebensfreude näherzukommen?

Vielleicht fällt dir auf, dass dir jemand eine ungünstige Frage stellt, und du möchtest sie sogar korrigieren? Dann tue es. Die andere Person wird vielleicht im ersten Moment sprachlos sein, aber wenn du den Hintergrund erklärst, dann schaffst du damit Verständnis.

Übe dein Bewusstsein und habe Spaß dabei, deinen Geist zu schärfen!

Dein Leben, deine Verantwortung

Vielleicht wird dir zunehmend klarer, wie viel du in deinem Leben selbst in der Hand hast. Je nachdem, wo du gerade in deinem Leben stehst, deine Gewohnheiten, deine innere Einstellung und all das, was du getan oder nicht getan hast, haben dich genau dort hingebracht.[4]

Wenn du feststellst, dass dir etwas davon nicht gefällt, dann hast du jederzeit die Möglichkeit, dies zu ändern. Dafür ist es allerdings erforderlich, dass du die Verantwortung dafür übernimmst.

Es ist nicht das Wissen, was uns fehlt, um stressfreier, achtsamer, gelassener sein zu können. Wir leben im Zeitalter der Information. Informationen sind wie Sand am Meer verfügbar.

---

[4] Mir ist folgender Hinweis extrem wichtig: Bei dieser Aussage geht es mir um das „normale“ Leben, für welches sich eigentlich jeder glücklich schätzen sollte, es aber leider viel zu selten tatsächlich ist! Es geht nicht darum, wenn einem Leid durch eine andere Person zugefügt wurde, o. Ä.

Aber es ist die fehlende Anwendung. Wenn du weißt, wie etwas geht – theoretisch, dein Wissen aber nicht anwendest, dann ist dieses Wissen wertlos!

Deshalb ist es so immens wichtig, dir selbst das Versprechen zu geben, dein Wissen, welches du dir angeeignet hast, auch umzusetzen. Dranzubleiben! Zu üben, zu wiederholen.

Darin liegt die Meisterschaft, die die Spreu vom Weizen trennt.

Allein durch deine innere Einstellung, kannst du schon so viel dazu beitragen, Resilienz für dich aufzubauen.

In welchen dieser Punkte siehst du dein größtes Entwicklungspotenzial?

Schreibe nun bitte hinter jeder Einstellung eine Zahl zwischen 0 und 10. 0 bedeutet, du erfüllst diese überhaupt nicht. 10 bedeutet, du erfüllst diese zu 100 Prozent.

Schluss mit Vergleichen! ______ Punkte

Sag Ja zur positiven Ausstrahlung! ______ Punkte

Akzeptiere dich so, wie du bist! ______ Punkte

Die Lösung ist wichtig – nicht das Problem!______ Punkte

Setze deine Grenzen und verteidige sie! ______ Punkte

Erkenne deine STOP-Schilder! ______ Punkte

Positive Grundeinstellung in Richtung
Zukunft! ______ Punkte

Delegiere auch mal! ______ Punkte

Achte auf die Qualität deiner Fragen! ______ Punkte

Dein Leben, deine Verantwortung! ______ Punkte

Markiere nun die innere Einstellung, für die du am wenigsten Punkte vergeben hast.

Wenn du diese Sichtweise für dich verändern kannst, dann kannst du den größten positiven Effekt für dich, deinen Alltag und dein Leben erzielen.

Solltest du dich fragen, wie du die Veränderung erzielen kannst, dann ist die Antwort: Indem du Bewusstsein dafür schaffst!

Angenommen, du möchtest dich nicht mehr, oder zumindest weniger, mit anderen Menschen vergleichen. Dann setze am Anfang des Tages genau diese Intention!

Während des Tages hinterfragst du dein Tun. Stellst du fest, dass es dir gelingt, dann feiere dich dafür. Feiere dich auch dafür, wenn du in dem Moment, in dem du einen Vergleich ziehst, dich daran erinnerst, dass du es nicht mehr möchtest, und mache weiter.
Solltest du im Nachhinein feststellen, dass du Vergleiche gezogen hast, dann setze dir als Intention, dass du das nächste Mal in dem Moment achtsam mit dir selbst sein möchtest.

Am Ende des Tages kannst du noch einmal reflektieren, und dann machst du so lange weiter, bis du keine Vergleiche mehr ziehst.

So kannst du auch mit anderen Einstellungen vorgehen, die du für dich verändern möchtest.

KURZ UND KNACKIG

- Positiver Stress kann dich zu Höchstleistungen bringen.

- Auch im positiven Flow ist es wichtig, dir Pausen zu gönnen, im Idealfall, bevor du sie dringend brauchst.

- Durch deine innere Einstellung kannst du dich gezielt positiv im Alltag ausrichten.

- Verändere deine innere Einstellung in dem Bereich, in dem du das größte Potenzial für dich siehst.

- Übe täglich, sei nachsichtig mit dir, falls es dir einmal nicht so gut gelingt, und erinnere dich daran, dass du auch in diesem Fall motiviert bleiben darfst.

Das hilft gegen Prokrastination

Du kennst sie bestimmt, die Prokrastination, auch als „Aufschieberitis“ bekannt. Sie verursacht unnötigen inneren Stress und muss nicht sein.

Denn vielleicht hast du auch immer wieder die ein oder andere Aufgabe vor dir, von der du ganz genau weißt, dass du sie tun müsstest, und trotzdem machst du sie nicht und schiebst sie vor dir her.

Denn morgen ist auch noch ein Tag, und eigentlich ist die Erledigung dieser Aufgabe dann doch nicht so wichtig. Dein innerer Schweinehund ist richtig aktiv, und wahrscheinlich fallen dir wie auf Knopfdruck noch viele andere Gründe ein, warum es absolut in Ordnung ist, diese Aufgabe(n) weiter vor dir herzuschieben.

DAMIT IST JETZT SCHLUSS!

Immer im Hinterkopf zu haben, noch

- die Fenster putzen
- den Kleiderschrank aufräumen
- die Ablage sortieren
- den Schreibkram erledigen
- die Steuererklärung machen
- den Garten pflegen
- den Hund bürsten
- das Auto saugen

- den Lernstoff durchgehen
- ...

zu müssen, und es dennoch nicht zu tun, verursacht dir unterbewusst einen wahnsinnigen Stress!

Denn kurzfristig gedacht fühlt es sich in dem Moment vielleicht gut an, Dinge zu tun, die dir mehr Freude oder Spaß bereiten als die, die du vor dir herschiebst. Tatsächlich kannst du aber nach „getaner Arbeit“ deine wohlverdiente Auszeit und deine Glückshormone besser genießen.

Aber Vorsicht: Es geht nicht darum, immer nur die Arbeit zu erledigen und das Vergnügen vor uns herzuschieben. Ganz sicher nicht. Denn deine Glücksmomente und die Zeiten, die du dir für dich einräumst, sind nicht verhandelbar und schenken dir Lebensqualität. Diese Zeiten haben genauso Priorität!

Es geht vielmehr darum, dass du dir vornimmst, etwas Unliebsames zu tun. Du diese Aufgabe aber immer vor dir herschiebst, ohne damit anzufangen. Und ganz ehrlich, diese „Schiebezeit“ ist verlorene Zeit, weil du dich nur davor drückst, etwas zu erledigen, was du eigentlich vorhattest. Richtig wertvoll ist diese Zeit für dich nicht.

Und das Paradoxe dabei ist, dass sich die Aufgabe oft gar nicht mehr so schlimm anfühlt, wenn wir erst einmal damit angefangen haben.

Welche Aufgabe fällt dir spontan ein, auf die diese Beschreibung bei dir zutrifft?

Das Geheimnis liegt also darin, mit der Aufgabe anzufangen!

SO KOMMST DU LEICHTER INS HANDELN:

VISUALISIERE

Ja, das ist mein Ernst! In dem Moment, in dem du denkst „Ich müsste eigentlich, aber …“ stellst du dir zukünftig vor, wie es sich anfühlt, wenn

- du nach getanem Sport unter der Dusche stehst, stolz auf dich bist und dir dein Körper dankbar ist, weil du ihm die lang ersehnte Bewegung gegönnt hast.

- du bei einer Tasse Cappuccino voller Stolz deine frisch geputzten Fenster begutachtest und denkst: „Einfach herrlich!“

- du am nächsten Morgen einen aufgeräumten Kleiderschrank vorfindest. Kein lästiges Su-chen mehr. Alles ist geordnet und fühlt sich auch in deinem Kopf gut an.

- dein Schreibtisch ordentlich und sauber, deine Ablage sortiert, dein Schreibkram erledigt ist und die Steuererklärung in Nullkommanichts erledigt werden kann.

- du in deinem Garten sitzt, deine Gäste empfängst und den Moment ganz und gar genießen kannst.

- sich dein Hund wohlfühlt und er wieder vor-zeigbar aus dem Haus gehen kann.

- du in dein sauberes Auto steigst und dich richtig wohl dabei fühlen darfst.

- du den Lernstoff durchgegangen bist und dich sicher fühlst.

Visualisiere, was das Zeug hält. Denn Vorfreude ist die schönste Freude. Möchtest du jetzt nicht auch am liebsten alle Punkte sofort erfüllen, um dich danach richtig gut fühlen zu können?

Du hast dennoch keine Lust, damit anzufangen? Dann trickse dich selbst aus!

TRICKSE DICH SELBST AUS

„Belüge dich selbst" wäre zu hart formuliert. Dennoch solltest du dir selbst gegenüber einen kleinen Trick anwenden.

Wenn du vor deiner Ablage stehst und eigentlich keine Lust hast, diese zu sortieren, und auch die Visualisierung noch nicht dazu geführt hat, dass du jetzt gerade schon dabei bist, dann gib dir den folgenden Impuls: „Ich mache das jetzt einfach die nächsten fünf Minuten, und wenn ich keine Lust mehr habe, kann ich jederzeit damit aufhören."

Für dein Gehirn klingt diese Abmachung plausibel, und wenn du es geschafft hast, erst einmal damit anzufangen, dann hörst du nach fünf Minuten tatsächlich nicht damit auf. Aber das muss dein Gehirn ja nicht wissen. Deshalb trickse es aus!

WICHTIG: Sorge dafür, dass alle Störfaktoren wie Smartphone, Laptop, Pushnachrichten, Anrufe, etc. ausgeschaltet sind. Denn sonst kann es gegebenenfalls passieren, dass du dich einfach zu schnell ablenken lässt und deine Aufgabe nicht bis zum Schluss erfüllen kannst.

VERBINDE DAS UNANGENEHME MIT DEM ANGENEHMEN

Warum kannst du bei der nächsten Putzaktion, beim Sport, bei der Gartenpflege, etc. nicht gleichzeitig deine Lieblingssongs, ein Hörbuch oder einen Podcast hören?

Indem du mit dem Unangenehmen etwas Angenehmes verbindest, fällt es dir leichter, anzufangen, und plötzlich macht dir die vermeintliche Arbeit sogar Spaß.

Hattest du dich nicht auf den Podcast gefreut, den du zu Ende hören wolltest, und bist bisher nicht dazu gekommen? Wunderbar! Putzen musst du sowieso, dann kannst du das gleich damit verbinden.

SETZE DIR FESTE TERMINE

Wenn du dir feste Termine für wiederkehrende Tätigkeiten setzt, fällt es dir leichter, diese auszuführen. Denn wenn du der Ansicht bist, das machst du irgendwann in dieser Woche, dann ist die Woche plötzlich um und du hast es trotzdem nicht getan.

Gleichzeitig hast du dir einen innerlichen Stress gemacht, weil du ganz genau wusstest, dass du die Aufgabe erledigen wolltest und es in Gedanken immer vor dich hergeschoben hast.

Wenn du aber von vorneherein weißt, dass du am Donnerstag direkt nach dem Aufstehen eine Runde Joggen gehst und am Freitagnachmittag dein Bad putzt, dann sind diese Termine fest verankert. Du weißt, dass du dir diese Dinge an diesen Tagen vorgenommen hast, und wirst dir nicht schon ab Dienstag jeden Tag denken „Eigentlich wollte ich joggen, gestern habe ich es nicht geschafft und das Bad muss ich auch noch putzen. Dann mache ich es eben morgen".

Indem du dir feste Termine setzt, nimmst du dir den täglichen Druck, und du leidest in diesen Fällen auch nicht an Aufschieberitis.

WICHTIG: Sorge dafür, dass du die Versprechen, die du dir gegeben hast (z. B. an die Runde Joggen am Donnerstag), auch einhältst. Denn nur so kannst du darauf vertrauen, dass du deine Aufgaben auch tatsächlich durchführst, und kannst auch beim nächsten Mal entspannt sein!

TRIFF DIE VORBEREITUNGEN BEREITS AM VORTAG

Diesen wichtigen Punkt kennst du schon aus dem Thema Gewohnheiten. In diesem Kontext ist er aber genauso wichtig!

Wenn du am Freitagnachmittag putzen möchtest, dann stelle dir deinen Putzeimer, Lappen und Putzmittel am

Freitagmorgen, bevor du das Haus verlässt, hin. Sobald du nach Hause kommst, kannst du direkt loslegen, ohne deine wertvolle Zeit zu vertrödeln. Du kannst dir zu deinen Putzsachen auch gleich deine Kopfhörer bereitlegen, wenn du dich mit motivierender Musik oder informativen Podcasts begleiten lassen möchtest.

ERLEDIGE KURZE AUFGABEN SOFORT

Indem du Aufgaben, die kürzer als fünf Minuten dauern, sofort in dem Moment erledigst, in dem sie entstehen, nimmst du dir den Druck, diese noch zu einem späteren Zeitpunkt erledigen zu müssen.

Das kann sein, dass dich eine Nachricht oder ein Anruf erreicht. Deine Freundin würde sich beispielsweise ein Buch von dir ausleihen wollen. Dann kannst du in dem Moment, in dem sie dich gefragt hat (Voraussetzung ist natürlich, dass du zu Hause bist), das Buch aus dem Bücherregal holen und bereitlegen.

Tust du es nicht, merkst du dir die Aufgabe oder schreibst sie auf einen Zettel und hast somit noch ein To-do auf deiner Liste geschaffen. Das muss nicht sein! Denn was erledigt ist, ist erledigt!

Diese Tipps haben alle die Basis, eine positive Motivation in dir zu erzeugen, um (unliebsame) Aufgaben zu erledigen.

Du solltest vermeiden, zu den Personen zu gehören, die diese Aufgaben nur dann erledigen, wenn sie Schlimmeres, beispielsweise in Form einer Strafe, umgehen wollen. Bei vielen Schülern und Studenten schleicht sich das Motto

„Ich habe so lange ein Motivationsproblem, bis ich ein Zeitproblem bekomme“ im Laufe der Schul- und Studentenzeit ein. Sie fangen erst dann mit dem Lernen an, wenn die Klausur kurz bevorsteht und die Angst durchzufallen größer ist, als der Aufwand mit dem Lernen zu beginnen.

Einmal damit angefangen, fällt es sehr schwer, diese Denkweise auch für Alltagssituationen wieder ins Positive umzukehren.

Die genannten Tipps unterstützen dich dabei. Je häufiger du diese anwendest, umso weniger wirst du der Aufschieberitis zukünftig verfallen.

Dadurch erschaffst du dir eine gewisse Gelassenheit und stärkst dein Vertrauen in dich und deine Fähigkeiten, beugst Ängsten und Stress vor und wirst resilienter.

Unterstütze dich mit der „Tomaten-Technik“

Tatsächlich wird sie Pomodoro-Technik genannt und wurde von Francesco Cirillo erfunden.

Dabei gilt es, deine Aufgabe schriftlich festzuhalten und dir daraufhin einen Wecker mit 25 Minuten Laufzeit zu stellen. Du bearbeitest deine Aufgabe sofort, nachdem du den Wecker gestellt hast, dann machst du eine kurze Pause von fünf Minuten und stellst daraufhin deinen Wecker wieder mit 25 Minuten Laufzeit.

Das Ganze wiederholst du etwa viermal, bis du dir eine längere Pause von etwa 20 Minuten gönnst, bevor du wieder von vorne anfängst.

Der Trick gegen Prokrastination liegt hier darin, dass du den Wecker stellst. Denn das ist für dich die erste Handlung, die dich dazu animiert, mit deiner Aufgabe anzufangen, und dann legst du fast wie von selbst damit los.

KURZ UND KNACKIG

- Prokrastination ist auch als Aufschieberitis bekannt und bezieht sich darauf, meist unliebsame Aufgaben vor sich herzuschieben.

- Indem du die verschiedenen Möglichkeiten ausprobierst, kannst du dich dazu bewegen, deine Aufgabe schneller zu erledigen, um dann den Kopf wieder frei zu haben.

- Nutze das nächste Mal bei einer anstehenden Aufgabe die Variante, die dich am ehesten dazu motiviert, anzufangen.

Resilient durch schwierige Zeiten

Bisher ging es darum, dir einen Alltag zu schaffen, der dir mehr Kraft gibt, als dass er dir nimmt. Es ging darum, dir eine Basis zu schaffen, um Stress, Ängste und schwierige Lebenssituationen mit kraftvollen Gewohnheiten nachhaltig meistern zu können.

Was ist aber, wenn du dich gerade in so einer Lebenssituation befindest? Denn in deinem Leben ist es, wie in meinem Leben auch: Es ist nicht jede Lebensphase „rosarot und lilablassblau". Wir erleben Momente, die uns aus den unterschiedlichsten Gründen nicht gefallen, sogar schockieren und uns vielleicht sogar den Boden unter den Füßen wegzunehmen drohen, mit denen wir aber umgehen dürfen.

Auch wenn wir in uns Resilienz entwickelt haben, wird es diese Lebensphasen immer geben. Dann empfinden wir sie aber nicht mehr ganz so stark wie früher, schaffen schneller den emotionalen Switch und setzen somit unseren Fokus wieder eher auf Lösungen, als uns mit dem Problem zu beschäftigen.

Die folgenden drei Schritte unterstützen dich, während schwieriger Phasen, deinen Fokus zu verändern. Es geht nicht darum, Probleme zu verdrängen oder diese zu ignorieren, sondern dir die Stärke zu geben, sie mit einem Perspektivwechsel zu betrachten und im Idealfall zu lösen.

Schritt 1: Nimm die Situation zunächst an: Es ist, wie es ist.

Unabhängig davon, wie unzufrieden du mit dem aktuellen Zustand bist. Atme tief durch und sprich die Worte „Es ist, wie es ist“ wie in einem Mantra zu dir. Denn was passiert ist, kannst du nicht mehr rückgängig machen oder verändern. Das Einzige, was du machen kannst, ist, dir mit einem klaren Kopf zu überlegen, wie du am sinnvollsten reagieren kannst, um weiteren Schaden zu vermeiden. Hier hilft es nicht, wenn du jammerst, wenn du dich ärgerst, wenn du in Selbstmitleid zerfließt. Sei dir bewusst darüber, dass das, was war, nicht zu verändern ist. Dich länger damit zu beschäftigen, macht keinen Sinn und entzieht dir deine Energie. Jetzt darfst du die Situation annehmen und nach vorne blicken.

Schritt 2: Nimm Einfluss auf die Situation.

Indem du nach vorne blickst und dir Gedanken über den weiteren Verlauf des Geschehens machst, darfst du die Gewissheit haben, auf die Situation Einfluss nehmen zu können. Gedanken wie „Ich kann es sowieso nicht ändern“, „Es interessiert sowieso niemanden, was ich denke oder mache“, „Jetzt ist es ohnehin schon zu spät“ oder „Es hat alles keinen Sinn“ behindern dich in deinem Denken und Handeln. Streiche diese Gedanken aus deinem Kopf, verschwende deine Energie nicht unnötig, sondern überlege dir Maßnahmen und Lösungen. Denn nur so richtest du deinen Fokus auf die Möglichkeiten, die dir nützlich sind.

Um die Perspektive zu wechseln, gibt es verschiedene Methoden, die ich kurz mit dir teilen möchte. Ziel dabei ist es, nicht nur deine Wahrheit anzuerkennen, sondern auch andere Blickwinkel auf die Situation einzunehmen, die sich möglicherweise auf deine Wahrheit auswirken können und dich dabei unterstützen, deine Herausforderung zu lösen.

Denn Albert Einstein hat schon gesagt:

„Probleme kann man niemals mit derselben Denkweise lösen, durch die sie entstanden sind."

Dementsprechend macht es in jedem Fall Sinn, auch andere Sichtweisen zuzulassen. Dies erfordert im ersten Moment allerdings deine Bereitschaft dazu, dich mit anderen Blickwinkeln auseinandersetzen zu wollen, und die Offenheit, diese auch zulassen zu können.

Du kannst die Übung entweder allein oder auch mit einer anderen Person durchführen, je nachdem, wie es sich für dich gut anfühlt. Wenn du jemanden hinzuziehst, dann formulierst du deine jeweiligen Gedanken und sprichst diese laut aus.

Setze dich dazu an einen Tisch und gehe die aktuelle Situation für dich durch, entweder gedanklich, schriftlich oder indem du der anderen Person davon erzählst.

Diese Wahrheit verbindest du mit dem Platz, auf den du dich gesetzt hast. Stelle dich dann vor diesen Platz hin und schaue, wie aus der Vogelperspektive, auf ihn herab.

Du hast nun etwas Abstand zwischen dich und deiner bisherigen Anschauung schaffen können. Versuche, Antworten auf die ein oder andere der folgenden Fragen zu finden:

- Bin ich mir wirklich sicher, dass das, was ich bisher gedacht und angenommen habe, in jedem Fall stimmt, oder könnte es theoretisch auch andere Ursachen geben?

- Wie habe ich mich gefühlt, als ich dort saß? Könnte ich mich auch anders fühlen? Wenn ja, wie und was würde sich dadurch an der Situation ändern?

- Wie würde ich die Situation bewerten, wenn mir meine beste Freundin davon erzählt hätte?

Du kannst auch diese Antworten mit deinem Sparringspartner besprechen oder sie auf einem Zettel notieren.

So hast du dich darin geübt, eine objektivere Sicht auf die aktuelle Situation zu bekommen.

Im Anschluss daran kannst du dir eine Person überlegen, deren Meinung du gerne zu dem Thema abfragen würdest. Das kann jemand sein, den du tatsächlich kennst, eines deiner Vorbilder oder beispielsweise jemand, den du früher einmal gekannt hast, hier sind deiner Fantasie keine Grenzen gesetzt.

Stelle dir vor, diese Person sitzt auf dem Stuhl gegenüber von deinem ursprünglichen Platz, und fühle dich in diese Person hinein.

Dann setzt du dich auf genau diesen Platz und überlegst dir die Antworten zu folgenden Fragen:

- Wie sieht diese Person die Situation?

- Wie reagiert diese Person darauf?

- Welchen Ratschlag würde diese Person dir geben?

Du darfst gespannt sein, welche Antworten sich für dich ergeben dürfen!

Denn plötzlich erscheint dir deine Wahrheit, die du zu Beginn der Übung empfunden hast, tatsächlich gar nicht mehr als die einzig richtige Wahrheit!

Wenn es dir so geht wie mir in manchen Fällen, dann bist du nach dieser Übung vielleicht auch überrascht, wie blind du bisher für die andere Perspektive gewesen bist, und kannst dir gar nicht mehr vorstellen, warum du keinen anderen Gedanken zugelassen hast.

Wenn dem so ist, dann hadere nicht mit dir. Sei vielmehr stolz auf dich, dass du es dir erlaubt hast, genauer hinzusehen, und freue dich darüber, dass du es jetzt geschafft hast, einen anderen Blickwinkel einzunehmen.

Denn genau DAS tun die wenigsten Menschen. Obwohl darin, sowohl im privaten als auch im beruflichen Kontext, ein extremer Mehrwert, auch für die weitere Entwicklung, steckt.

Schritt 3: Sei positiv und gehe optimistisch durch dein Leben!

Wenn du es schaffst, ein tiefes Urvertrauen für dich, dein Leben und alle Ereignisse, die dir geschehen, aufzubauen, dann spürst du eine Stabilität in dir, die dich nicht so schnell aus dem Gleichgewicht werfen kann. Vertraue darauf, dass das Leben viele Überraschungen für dich bereithält und immer für dich ist. Auch wenn du im ersten Moment nicht davon überzeugt bist, dass die Situation positiv für dich ist, solltest du dir bewusst darüber sein, dass daraus etwas Gutes entstehen kann. Es heißt nicht umsonst sprichwörtlich: „Immer dann, wenn sich eine Tür schließt, öffnet sich eine neue Tür."

Wenn du das Gefühl hast, aus einer Situation nicht selbstständig herauszukommen, dann bitte deine Familie, Freunde, Bekannte, Arbeitskollegen oder auch einen Arzt um Unterstützung und Hilfe. Dir Hilfe zu suchen, ist mutig! Du brauchst dich weder dafür zu schämen, noch musst du Angst haben, dadurch Schwäche zu zeigen. Denn oftmals ist es äußerst hilfreich, sich jemandem anzuvertrauen, der eine andere Sichtweise auf die Situation hat und es dir ermöglicht, diese Aspekte auf dich wirken zu lassen.

Klopfe dich frei

Vielleicht bist du schon einmal mit der wirkungsvollen Klopftechnik EFT in Berührung gekommen. EFT steht für „Emotional Freedom Technique", mit der du also deine emotionale Freiheit wiederherstellen kannst.

Das Prinzip besteht darin, durch Klopfen auf Meridianpunkte, die aus der chinesischen Medizin bekannt sind, schlechte Gefühle und Ängste abzuschwächen und im Idealfall sogar dauerhaft verschwinden zu lassen.

Von Robert Smith wurde diese Technik weiterentwickelt zu FasterEFT[5]. Eine sehr effektive Form, die ich gerne anwende und sie dir deshalb kurz aus meinem Erfahrungsschatz heraus beschreibe.

Angenommen, du ärgerst dich über eine Person und möchtest dem ständigen Gedankenkarussell entkommen, dann eignet sich die Methode dafür hervorragend!

Das ist aber nur ein Beispiel von unzähligen. Wenn du möchtest, mache die folgende Übung immer dann, wenn du den Eindruck hast, dich aus deiner aktuellen Gefühlswelt befreien zu wollen, weil dir die Emotionen gerade nicht guttun.

---

5 Smith, R.: https://www.fastereft.com

Nimm dir etwa 15 Minuten Zeit und gehe an einen Ort, an dem du ungestört bist. Wenn du eine Brille trägst, dann nimm diese bitte für die Übung ab.

Setze dich gerne aufrecht hin. Atme ein paar Mal tief ein und tief aus. Nimm deine Schultern zu deinen Ohren und rolle sie nach hinten.

Komme ganz bei dir an.

Wie wirkt sich das negative Gefühl bei dir aus? Was spürst du? Wo spürst du es? Nimm diese Emotion einfach nur wahr. Ist es vielleicht ein Druck in deinem Hals, ein unangenehmes Gefühl im Bauch oder spürst du deinen Herzschlag deutlich?

Was auch immer es ist, nimm das Gefühl in dir wahr.

Und dann frage dich, wie stark du das Gefühl auf einer Skala von null bis zehn empfindest. Während null als nicht vorhanden eingestuft wird, bedeutet zehn eine extrem starke Emotion.

Du kannst dir die Zahl merken oder sie aufschreiben.

Dann nimmst du den Mittelfinger und den Zeigefinger einer Hand. Es ist egal, ob links oder rechts.

Jetzt klopfst du, etwa acht- bis zwölfmal mit deinen Fingerkuppen zwischen deinen Augenbrauen und sagst: „Ich lasse es los."

Danach klopfst du genauso lange neben deinem

Auge, am anderen Ende der Augenbraue (wenn du die rechte Hand genommen hast, dann rechts daneben, wenn du die linke Hand genommen hast, dann links daneben), und sagst: „Es ist absolut in Ordnung, dass ich es loslasse."

Daraufhin gehst du mit deinen Fingerkuppen auf das Jochbein, also unter dein Auge. Hier klopfst du weiter und sagst: „Es ist okay, dass ich es loslasse."

Und im Anschluss klopfst du auf das Schlüsselbein und sagst: „Es ist sicher, dass ich es loslasse."

Nun atme tief ein und umfasse eines deiner Handgelenke, denke beim Ausatmen an eine schöne Situation, die dir ein gutes Gefühl gibt und sage: „Ich bin sicher." Nimm dir einen Moment und lasse dein Handgelenk wieder los.

Denke jetzt wieder an das unangenehme Gefühl, welches du anfangs verspürt hast. Was spürst du jetzt? Wie fühlt es sich an? Merkst du eine Veränderung?

Bewerte das Gefühl wieder auf einer Skala von null bis zehn.

Wiederhole diese Übung so lange, bis du bei dem Wert null angekommen bist!

Auch diese Technik erfordert ein wenig Übung. Ich weiß, dass wir alle ungeduldig sind und immer alles gleich sofort verändern wollen.

Je öfter du diese Technik für dich ausführst, umso automatischer wirst du auch die Handgriffe für dich verinnerlichen.

Wenn es dir wie mir geht, dann wirst du so von dieser Technik überzeugt sein, dass du dir wünschst, sie schon viel früher in deinem Leben gefunden zu haben.

Du kannst diese sowohl in Alltagssituationen anwenden wie auch in besonderen Momenten.

Angenommen, du bist in einem Freizeitpark und wolltest schon immer einmal mit der Achterbahn fahren, hast dich allerdings nicht getraut. Versuche doch einmal, die Technik anzuwenden. Vielleicht traust du dich danach. Lass dich überraschen!

Die Methode unterstützt dich dabei, dich aus der angespannten Situation herauszunehmen, und gibt dir die Möglichkeit, eine Art RESET anzuwenden.

Wichtig ist, dass du dich das nächste Mal, wenn du dich in so einem Moment befindest, genau daran erinnerst, und damit beginnst, dich von der negativen Emotion frei zu klopfen!

Wenn du in deiner Morgenroutine beispielsweise die positive Intention „Wenn es mir heute schlecht geht, klopfe ich mich frei!" aufnimmst, dann fällt es dir leichter, dich auch tatsächlich daran zu erinnern, wenn es erforderlich ist.

Schöpfe Kraft aus deiner Vergangenheit

Jetzt möchte ich eine unglaublich kraftvolle Methode mit dir teilen, die dir gerade dann hilft, wenn es dir nicht gut geht, du dich antriebslos, traurig und niedergeschlagen fühlst.

Sie hilft dir aber auch in den Situationen, in denen du vor einer herausfordernden Aufgabe stehst, die dir ein wenig mehr Mut abverlangt, als du sonst in deinem Alltag benötigst. Oder wenn du vorhast, deine Komfortzone zu verlassen, und dich proaktiv in eine gute Energie bringen möchtest.

Du kannst sie aber auch dann für dich umsetzen, wenn du ohne besonderen Anlass einfach Lust darauf hast, dir Energie und Kraft zu schenken. Sie darf dir Spaß machen und dich aus deinem Alltag entführen.

Bitte nimm dir für diese Übung etwa drei bis vier Stunden Zeit. Du solltest ungestört sein und dir diese Auszeit ohne Hektik und Stress ermöglichen.

Du kannst ein paar Kerzen anzünden, dir schöne Musik auflegen und einen leckeren Tee kochen. Schalte alle Störfaktoren wie Smartphone, Telefon, oder Ähnliches aus und sorge für eine Wohlfühlatmosphäre.

Jetzt beginne damit, dich an die glücklichen Zeiten deiner Vergangenheit zu erinnern und dir Erinnerungen zusammenzutragen.

Am besten beginnst du in deiner Kindheit. Suche Fotos, die dich als glückliches Kind zeigen oder die dich an Momente, Personen, Erlebnisse erinnern, in denen du dich glücklich und gut gefühlt hast.

Vielleicht hast du noch einen alten Teddybären, den du in einem Karton aufbewahrt hast, mit dem du schöne Erinnerungen verbindest. Oder du hast andere Gegenstände aufgehoben, die dich lächeln lassen.

Hole diese Fotos und Gegenstände zu dir an deinen Wohlfühlort. Denke auch an alte CDs oder Kassetten. Welche Musik hat dich früher glücklich gemacht?

Du kannst auch im Internet nach Bildern suchen, an die du dich erinnerst, die du zu Hause aber nicht mehr finden kannst, und diese beispielsweise ausdrucken. Gibt es eine Spielesammlung, die dir positiv in Gedanken geblieben ist oder ein bestimmtes Spielzeug, mit dem du etwas Besonderes verbindest?

Du kannst dir so viel Zeit damit lassen, wie es sich für dich gut anfühlt.

Danach gehst du gedanklich in deine Jugendzeit und tust exakt das Gleiche. Vielleicht gibt es ein Getränk, das dich positiv geprägt hat. Du kannst dieses beispielsweise auf einen Zettel notieren.

Welche positiven Erinnerungen hast du an deine Erwachsenenzeit bis jetzt? Wann warst du besonders stolz auf dich? Welche Erfahrungen haben dich positiv beeinflusst? Welche Menschen?

Immer dann, wenn du keinen festen Gegenstand oder kein Foto für deine Erinnerungen finden kannst, notiere diese wieder auf einem Zettel.

Keine Sorge, du musst nicht vollständig deine positiven Erfahrungen der gesamten Vergangenheit abbilden können. Du merkst selbst, wenn es ausreichend ist.

Wenn du dich damit gut fühlst und für dich alle wesentlichen Informationen, Bilder und Gegenstände gesammelt hast, sieh dich an deinem Wohlfühlort um.

Kannst du auf dem Fußboden eine freie Fläche von vielleicht zwei bis drei Metern schaffen? Wenn nicht, dann ist das kein Problem. Dann nutzt du einfach den Platz, den du zur Verfügung hast.

Nimm dir zwei Zettel. Auf den einen Zettel schreibst du 0 Jahre. Diesen legst du auf dem Fußboden ganz links von dir. Auf den anderen Zettel schreibst du dein aktuelles Alter, beispielsweise 40 Jahre, und legst diesen auf den Fußboden rechts von dir. Das Ziel ist, dass du dir eine unsichtbare Linie zwischen den beiden Zeitpunkten vorstellen kannst.

Übung für mehr Kraft und Energie!

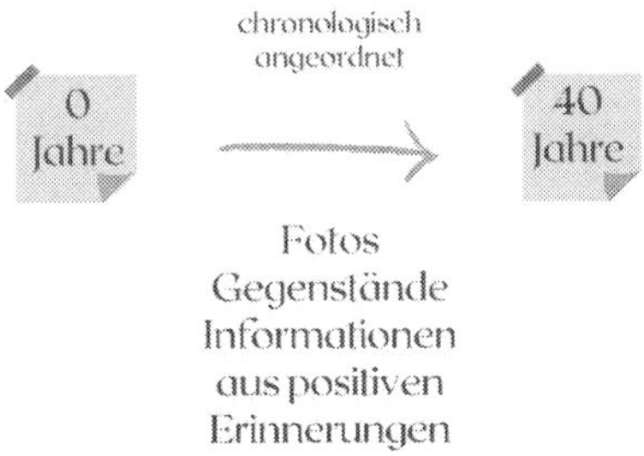

Als Nächstes prüfst du deine Fotos, Gegenstände, die Zettel mit den Informationen, die du notiert hast, und legst diese chronologisch auf die unsichtbare Linie zwischen den beiden Zeitpunkten.

Lasse dir dabei so viel Zeit, wie du brauchst, und habe Spaß dabei, die positiven Erlebnisse und Erfahrungen deines bisherigen Lebens vor dir auszubreiten.

Wenn du dir nicht mehr sicher bist, ob das eine Ereignis vor dem anderen stattgefunden hat, mache dir keinen Stress. Hier geht es nicht um richtig oder falsch. Es ist deine Erinnerung und deshalb auch deine Reihenfolge! Wenn du dich damit wohlfühlst, ist es genau richtig!

Sobald du fertig bist, kannst du dir gerne einen Moment Zeit nehmen und dir dein Werk ansehen.

Stelle dich jetzt auf den Zettel mit der Aufschrift „0 Jahre" und laufe die Zeitlinie ganz langsam entlang. Bleibe bei jedem Foto, Gegenstand, bei jeder Information ganz bewusst stehen und gehe rein in all die guten Gefühle, die in dir hochkommen. Lasse diese positiven Gefühle in dir aufsteigen. Verstärke sie.

Welche positiven Erinnerungen entstehen in dir, die du vielleicht schon vergessen hast? Schreibe sie dir gerne auf, wenn du magst, und ergänze deine Zeitlinie damit.

Kannst du die Energie spüren, die sich in dir ausbreitet? Genieße diese Gefühle, die deine Erlebnisse in dir auslösen. Gehe ganz langsam weiter und nimm jedes deiner Ereignisse in dir auf. Spüre in dich hinein. Atme tief in diese wundervollen Gefühle ein und aus.

Du sammelst dadurch ganz bewusst die Schätze deines bisherigen Lebens. Schritt für Schritt, bis du in der Gegenwart angekommen bist. Und dann gehst du über die Gegenwart hinaus und nimmst diese positiven Energien und diese Kraft mit in deine Zukunft.

Wenn du alte Kassetten und CDs gesammelt hast, kannst du bestimmte Lieder für dich abspielen, um die guten Gefühle noch einmal mehr zu verstärken.

Gab es bestimmte Bilder oder Gegenstände, die ein ganz besonders gutes Gefühl in dir ausgelöst haben?
Sammle diese gerne beispielsweise in einer separaten Box, um dich auch zu einem späteren Zeitpunkt relativ schnell wieder in genau diese Stimmung und Energie, die dir jetzt so viel Kraft gegeben hat, versetzen zu können.

Du kannst diese Übung selbstverständlich so oft durchführen, wie du möchtest.
Und auch wenn du dir jetzt vielleicht vornimmst, dir in deinem nächsten Urlaub wieder Zeit dafür zu nehmen, besteht die Gefahr, dass du es doch nicht tust.

Aus diesem Grund lade ich dich dazu ein, dir einen festen Zeitpunkt zu wählen, vielleicht das Ende eines Jahres oder am Tag vor deinem nächsten Geburtstag, und direkt einen Merker in deinen Kalender zu machen, um dich an dein Vorhaben zu erinnern.

Indem du z. B. ein Post-it in diesem Buch zu diesem Kapitel einfügst, weißt du sofort, wo du nachschlagen musst, oder du notierst dir in deinem Kalender die Seitenzahl und kannst dann sofort damit loslegen.

Es ist eine so kraftvolle Übung, die es dir erlaubt, deinem Alltag zu entfliehen, Kraft zu tanken und deine inneren Akkus wieder aufzuladen.

Gleichzeitig erinnert sie dich daran, dass du schon so viele schöne und positive Erfahrungen machen durftest und du dir jederzeit die Möglichkeit geben kannst, diese Gefühle in dir erneut zu wecken.

Denn auch wenn es sich unglaublich anhört, aber dein Körper weiß nicht, dass du diese Erfahrungen gerade nicht tatsächlich erlebst. Die Gefühle sind in dem Moment, in dem du sie spürst, Wirklichkeit, auch wenn das Erlebnis schon viele Jahre zurück liegt.

Das macht allerdings überhaupt keinen Unterschied!

Du kannst dich also zu jeder Zeit dafür entscheiden, diese Gefühle zu fühlen, auch wenn dir die aktuelle Situation im Außen vielleicht gerade keine Gründe dafür liefert.

Wenn du vor einer Aufgabe stehst, für die du Mut brauchst, liefert dir diese Übung so viel Energie und Kraft, dass du am liebsten sofort damit anfangen würdest.

In diesem Fall kannst du nicht nur glückliche Momente aus deiner Vergangenheit sammeln, sondern auch Situationen, in denen du mutig warst und dich etwas getraut hast, was du dir im Vorfeld nicht zugetraut hättest.

Du kannst dich daran erinnern, wie stolz du auf dich warst und wie fantastisch du dich gefühlt hast, als du dein Vorhaben in die Tat umgesetzt hattest.

KURZ UND KNACKIG

- Gerade in schwierigen Zeiten profitieren wir von unserer Resilienz-Fähigkeit.

- Gefühle dürfen da sein und angenommen werden.

- Ein Perspektivwechsel hilft oft, sich darüber klar zu werden, eine Veränderung selbst anstoßen zu können.

- Du kannst die Technik FasterEFT verwenden, um dich von negativen Emotionen „frei zu klopfen".

- Indem du gezielt Kraft aus deiner Vergangenheit ziehst, kannst du dich mit dieser Kraft und Energie ganz bewusst auftanken.

Feiere dich!

Ich möchte dich jetzt und in diesem Moment daran erinnern, dass du einzigartig bist!

Feiere dich für diese Einzigartigkeit! Mache dir bewusst, dass du genauso richtig bist, wie du bist!

Es ist dein Leben und du entscheidest, wie du sein und wie du dich fühlen möchtest.

Auf den vorangegangenen Seiten hast du verschiedene Methoden kennengelernt, um dir kraftvolle Gewohnheiten aufzubauen, die deinen Alltag gelassener, gesünder, achtsamer, energiereicher oder glücklicher gestalten.

Bewahre dir die kindliche Neugierde, um verschiedene Aspekte auszuprobieren. Du wirst spüren, was dir besonders guttut und wovon du mehr in deinem Leben haben möchtest.

Wichtig ist, dass du wieder daran glaubst, dass du deinen Alltag und dein Leben verändern kannst und nicht festgefahren bist!

Sei du die Veränderung, die du dir in deinem Leben wünschst! Es ist nie zu spät. Du kannst sie anstoßen. Jederzeit! Und ja, du kannst die Powerfrau sein, die du sein möchtest!

Als Ergänzung und Unterstützung zu diesem Buch habe ich einen Online-Kurs für dich vorbereitet. Dieser Kurs beinhaltet Videos, die du dir in deinem Tempo und dann, wenn es sich für dich richtig anfühlt, als Vertiefung ansehen kannst.

Zudem findest du weiteres Material in Form von Audios oder Downloads, die dich bestmöglich unterstützen, in die Umsetzung zu kommen.

Den Zugang zum Online-Kurs erhältst du unter dem folgenden Link:

https://www.rebalanceyou.de/videokurszumbuch

Oder über diesen QR-Code:

Nach Angabe deiner E-Mail-Adresse steht dir dieser kostenfrei zur Verfügung. Ich wünsche dir viel Vergnügen damit!

Platz für deine Notizen

Platz für deine Notizen

Von Herzen DANKE!

Liebe Leser*in, ich danke dir von Herzen für dein Vertrauen und für deine Zeit, die du mir geschenkt hast! Zeit ist das Wertvollste, was wir auf dieser Welt haben! Deshalb war es mir eine Herzensangelegenheit, dir in diesem Buch mit Tools und Techniken Möglichkeiten aufzuzeigen, wie du deine Zeit in deinem Sinne mit Leichtigkeit genießt!

Denn darum geht es doch im Leben, oder? Es geht darum, unsere endliche Zeit auf dieser Welt zu genießen. Wenn du nur einen kleinen Impuls für dich mitnehmen konntest, der auf dein Leben eine positive Wirkung hat, dann bin ich unglaublich dankbar, meinen Zweck mit diesem Buch erfüllt zu haben!

Ich freue mich sehr, wenn du das Bedürfnis hast, dein Feedback mit mir zu teilen!

Mein großer Dank gilt, Andre Sierk, dem Geschäftsführer des Avocado Verlags. Lieber Andre, nachdem unsere Zusammenarbeit mit meinem Erstlingswerk „SELFMADE GLÜCKSIONÄRIN – Glück selbstgemacht – mit Achtsamkeit und positivem Denken zu mehr Gelassenheit im stressigen Alltag" begonnen hat, bin ich sehr dankbar, dass auch dieses Buchprojekt im Avocado Verlag verlegt werden durfte! Ich schätze die inspirierende, zuverlässige, professionelle und Rat gebende Zusammenarbeit mit dir sehr! Es ist mir eine große Ehre und Freude!

Ich danke von Herzen allen, die an der Umsetzung dieses Buches beteiligt sind, auch wenn ich euch nicht alle mit Namen benennen kann, fühlt euch bitte persönlich angesprochen! So ein Buchprojekt kann nur dann entstehen, wenn viele fleißige „Heinzelmännchen" daran arbeiten. Ich weiß euren Einsatz sehr zu schätzen!

Vielen Dank an dich, liebe Silvia Müller, für dein Lektorat, deine Unterstützung und unsere gemeinsamen Gespräche, die mich immer wieder beflügeln und motivieren. Als professioneller Ordnungscoach bringst du Ordnung und Struktur in das Leben deiner Kundinnen. Hier hast du dieses wunderbare Talent in mein Buch einfließen lassen.

Herzlichen Dank an die kreativen Designer für das wundervolle Cover! Ihr seid unglaublich!

Von der Textsetzung über den Druck bis hin zu dem freundlichen Boten, der dafür sorgt, dass meine Leserinnen das Buch druckfrisch in ihren Händen halten und schmökern dürfen: Euch allen gilt mein aufrichtiger Dank!

Meinen lieben Eltern bin ich einfach dankbar für ALLES, weil es so viel ist, dass es den Rahmen dieses Buches sprengen würde.

Last but not least sage ich DANKE an meinen wunderbaren Ehemann, der mir immer mit Rat und Tat zur Seite steht, mich gerne auch mal triggert, um mir wieder die richtige Richtung zu zeigen, mich immer unterstützt und dabei noch den technischen Part im Hintergrund von Rebalance You sicherstellt!

Über die Autorin

Ramona Neupert ist studierte Dipl. Betriebswirtin (FH) und M.Sc. Sie arbeitet als erfahrene Führungskraft mit einer Verantwortung für knapp 60 Mitarbeiter.

Kraftvolle Gewohnheiten für mehr Resilienz und Gelassenheit im Alltag sind ihr besonders wichtig. Mit diesen Themen hat sie sich in diversen Weiterbildungen und (Selbst-) Führungsseminaren intensiv beschäftigt.

Um ihren Erfahrungsschatz und ihr breit gefächertes Wissen weiterzugeben, hat sie nebenberuflich die Marke REBALANCE YOU gegründet und betreibt den Host www.rebalanceyou.de.

Ihre moderne Interpretation wissenschaftlicher Methoden der Selbstführung vermittelt sie authentisch, verständlich und greifbar, um ihren Kundinnen eine einfache und unkomplizierte Anwendung im Alltagsgeschehen zu ermöglichen. Dazu bietet sie Seminare, Online-Kurse und -Workshops an, die genau darauf ausgerichtet sind.

In ihrer Freizeit ist es ihr zudem eine Herzensangelegenheit, sich ehrenamtlich zu engagieren.

Mit ihrem Debütroman „SELFMADE GLÜCKSIONÄRIN“ hat sie erstmals ihr Wissen und ihre Leidenschaft zu schreiben miteinander kombiniert. Mit dem Buch „Mit Resilienz zur Powerfrau“ ist ihr dies auch zum zweiten Mal erfolgreich gelungen.

KONTAKT

Wenn du mehr über die Autorin und ihre Arbeit erfahren möchtest, findest du hier den Kontakt:

www.rebalanceyou.de

https://www.instagram.com/rebalance_you/

Rebalance You
heart and mind in harmony

LITERATURVERZEICHNIS

Literatur und Quellen, die die Autorin auf ihrem Weg inspiriert haben und dadurch indirekt in ihre Erkenntnisse mit eingeflossen sind:

Byrne, R. (2006). The Secret. Das Geheimnis. München. Arkana.

Carnegie, D. (2018). Sorge dich nicht – Lebe! Frankfurt a.M. Fischer.

Clear, J. (2018). Atomic Habits – Tiny Changes, Remarkable Results. New York. Avery.

Dannemeyer, P. und R. (2016). NLP-Practitioner-Lehrbuch. Paderborn. Junfermann.

Dispenza, Dr. J. (2017). Werde übernatürlich. Wie gewöhnliche Menschen das Ungewöhnliche erreichen. Burgrain. Koha.

Haas, M. (2015). Stark wie ein Phoenix – Wie wir unsere Resilienzkräfte etnwickeln und in Krisen über uns hinauswachsen. München. Barth.

Heller, Prof. Dr. J. (2015). Resilienz – 7 Schlüssel für mehr innere Stärke. München. G|U.

Robbins, A. (2019). Grenzenlose Energie – Das Power-Prinzip. Berlin. Allegria.

Tolle, E. (2017). Jetzt! Die Kraft der Gegenwart. Bielefeld. Kamphausen.

Seiler, M.S. (2017). Mögest du glücklich sein. München. Komplett-Media.

Smith, R.: https://www.fastereft.com

Stahl, S. (2015). Das Kind in dir muss Heimat finden. München. Kailash.

Strelecky, J. (2020). Safari des Lebens. München. dtv.

Von Berlepsch, T. (2020). Update für dein Unterbewusstsein. München. Ariston.

LESEPROBE

Selfmade GLÜCKSIONÄRIN

Glück selbstgemacht – mit **Achtsamkeit** und **positivem Denken** zu mehr **Gelassenheit** im stressigen Alltag

Inkl. Workbook Teil zur Selbstreflexion

Ramona Neupert

Du fühlst dich abgeschlagen und gestresst und hast das Gefühl, nicht mehr zur Ruhe zu kommen.

Du merkst, dass die Welt um dich herum verrücktspielt und es für dich so wichtig wäre, diese verloren gegangene Gelassenheit wieder in dir zu spüren.

Aber sie ist nicht mehr da, diese Leichtigkeit und Energie, die du schon einmal gekannt hast. Früher.

Du wünschst dir so sehr, wieder mehr DU sein zu dürfen.

Du möchtest, dass sich dein Leben wieder leicht anfühlt, weißt aber nicht, was genau du tun kannst.

Du lernst unterschiedliche Möglichkeiten kennen, die du in deinen Alltag einbauen kannst, um durch Achtsamkeit und positives Denken wieder mehr Gelassenheit zu empfinden.

Kurzweilig – mit einer gesunden Prise Humor – mit Tipps zur sofortigen Anwendung und Umsetzung.

Am Ende des Buches erwartet dich ein Workbook. So kannst du die unterschiedlichen Bausteine für dich und auf deine individuelle Situation anwenden und entscheidest selbst, welche Methoden du zukünftig in deinem Alltag nicht mehr missen möchtest!

Denn Glück ist selbstgemacht, wenn du weißt, wie es geht!

Warum fällt es dir so schwer, loszulassen?

Nachts liegst du wach in deinem Bett und kannst nicht schlafen. Deine Gedanken kreisen immer wieder um das gleiche Thema.

Dir fällt es so schwer, loszulassen, obwohl du weißt, dass es genau das ist, was für dich so wichtig wäre.

Eigentlich geht es dir doch gut. Du müsstest zufrieden sein. Aber trotzdem halten dich deine Gedanken immer wieder davon ab, glücklich zu sein.

Du fühlst dich gestresst, unter Druck und genau DAS wirkt sich auch auf deinen Körper aus!

Dein Magen ist flau, er krampft. Du fühlst dich schlecht.

Dieses Gefühl verrätst du aber niemandem, weil du tagsüber gut funktionierst. Zumindest bisher.

Während du nachts wachliegst, fragst du dich, warum du diese Freude und Leichtigkeit, die du schon einmal gekannt hast, nicht mehr spürst.

Du merkst, dass du diesen negativen Strudel, der dich wie ein Schatten begleitet, einfach nicht mehr loswirst.

Dir würde es so guttun, wenn du wieder mehr bei dir selbst ankommen würdest!

Dafür hast du aber gar keine Zeit, und wenn du ehrlich bist, weißt du auch nicht genau, wie du damit anfangen sollst, dir diesen Raum, den du dir eigentlich so sehr wünschst, in deinem Alltag zu geben.

Hallo liebe Leserin! Mein Name ist Ramona Neupert und ich weiß ganz genau, wie du dich fühlst!

Mir ging es vor Jahren ähnlich und ich habe mir die Frage gestellt, wie ich diese Leichtigkeit wieder mehr spüren kann. Wie ich Glück wieder mehr erleben kann.

Ich möchte dich heute daran erinnern, dass du der wichtigste Mensch in deinem Leben sein darfst!

Es ist deine oberste Aufgabe, gut für dich selbst zu sorgen, damit du dein Leben genießen kannst!

Und das ist keineswegs egoistisch. Denn nur, wenn du dir erlaubst, voller Energie und Lebensfreude zu sein, kannst du deinen Mitmenschen etwas davon abgeben.

Das Buch „SELFMADE GLÜCKSIONÄRIN“ soll dich dabei unterstützen, diese Leichtigkeit in deinem Alltag wieder zu spüren und einfach gelassener zu sein.

Es soll dir die Möglichkeit geben, achtsamer im Alltag zu sein. Mit dem, was du denkst, was und wie du fühlst, und es soll dir Techniken aufzeigen, die dich dabei unterstützen wieder mehr in deine Kraft zu kommen.

avocado
verlag

Wir suchen Testleser*innen für unsere Bücher!

Sollten Sie Interesse an Rezensionsexemplaren haben, so melden Sie sich direkt über unsere Webseite unter www.avocado-verlag.de bei unserem Testleseteam an. So helfen Sie uns dabei, unsere Bücher noch besser zu machen.

Printed in Poland
by Amazon Fulfillment
Poland Sp. z o.o., Wrocław

38649906R00104